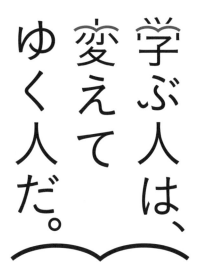

学ぶ人は、
変えて
ゆく人だ。

目の前にある問題はもちろん、

人生の問いや、

社会の課題を自ら見つけ、

挑み続けるために、人は学ぶ。

「学び」で、

少しずつ世界は変えてゆける。

いつでも、どこでも、誰でも、

学ぶことができる世の中へ。

旺文社

JN047442

受験生の
50%以下しか解けない

差がつく
入試問題 社会

三訂版

旺文社

CONTENTS

社会情勢の変化により，掲載内容に違いが生じる事柄があります。
弊社ホームページ「知っておきたい時事ニュース」をご確認ください。
https://service.obunsha.co.jp/tokuten/jiji_news/

✿✿✿ スタッフ

● 編集協力／有限会社編集室ビーライン
● 校正／須藤みどり・株式会社東京出版サービスセンター
● 本文・カバーデザイン／伊藤幸恵
● 巻頭イラスト／栗林ゑゐこ
● 本文イラスト／川上潤
写真提供／アフロ，朝倉市秋月郷土館所蔵，上杉本洛中洛外図屏風右隻（祇園祭）：米沢市（上杉博物館），神戸市立博物館，国立国会図書館蔵，時事通信フォト，慈照寺，写真：イメージマート，写真：西村尚己／アフロ，写真提供：共同通信社，写真提供 ユニフォトプレス，正倉院宝物，津山郷土博物館所蔵，奈良県，毎日新聞社提供，三井記念美術館蔵，山口県文書館，Photo：Kobe City Museum / DNPartcom

本書の効果的な使い方

本書は，各都道府県の教育委員会が発表している公立高校入試の設問別正答率（一部得点率）データをもとに，受験生の50%以下が正解した問題を集めた画期的な一冊。解けると差がつく問題ばかりだからしっかりとマスターしておこう。

 STEP 1 出題傾向を知る

まずは，最近の入試出題傾向を分析した記事を読んで「正答率50%以下の差がつく問題」とはどんな問題か，またその対策をチェックしよう。

 STEP 2 例題で要点を確認する

出題傾向をもとに，例題と入試に必要な重要事項や，答えを導くための実践的なアドバイスを掲載。得点につながるポイントをおさえよう。

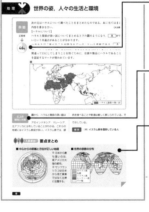

全ての問題に正答率が表示されています（都道府県によっては，抽出データを含みます）。

多くの受験生が解けなかった原因を分析し，その対策をのせています。

入試によく出る項目の要点を解説しています。

 STEP 3 問題を解いて鍛える

「実力チェック問題」には入試によく出る，正答率が50%以下の問題を厳選。不安なところがあれば，別冊の解説や要点まとめを見直して，しっかりマスターしよう。

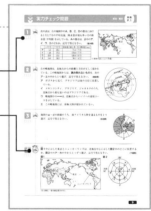

設問ごとにチェックボックスがついています。

差がつく!! 22% 多くの受験生が解けなかった，正答率25%以下の問題には，「差がつく!!」のマークがついています。

 本書がマスターできたら…

正答率50%以上の問題でさらに得点アップをねらおう！

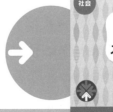

『受験生の50%以上が解ける 落とせない入試問題 ● 社会 三訂版』
本冊 96 頁・別冊 16 頁　定価 990 円（本体 900 円＋税 10%）

● **正答率50%以下**の入試問題とは？　〜「50%以上」と比較して見てみよう〜

下の表は，「受験生の50%以上が解ける　落とせない入試問題　社会　三訂版」と「受験生の50%以下しか解けない　差がつく入試問題　社会　三訂版（本書）」の掲載問題の中から，記号などの選択式の問題と，文章による記述式の問題（語句記述をのぞく）の掲載状況を，分野・項目別に比較したものです。「50%以上」では選択式，「50%以下」では文章記述の問題を多めに掲載しています。「50%以上」は基本の確認，「50%以下」は発展的な理解や応用力のアップに対応します。

「受験生の50%以上が解ける　落とせない入試問題 ● 社会　三訂版」と「受験生の50%以下しか解けない　差がつく入試問題 ● 社会　三訂版（本書）」の掲載項目の比較表		↑ 50%以上		↓ 50%以下	
		選択	文章記述	選択	文章記述
地理分野	世界の姿，日本の姿	●		●	
	世界の人々の生活と環境	●	○	○	○
	世界の諸地域（アジア州）	○		●	
	世界の諸地域（ヨーロッパ州）		○	○	●
	世界の諸地域（アフリカ州）				●
	世界の諸地域（北アメリカ州）		○	●	
	世界の諸地域（南アメリカ州）	●			
	世界の諸地域（オセアニア州）	○		○	○
	地形図の読み取り	●		●	●
	日本の自然環境の特色	●		●	●
	日本の人口の特色	●	○	●	●
	日本の資源・産業の特色	●		●	●
	日本の交通・通信の特色	●		●	●
	日本の諸地域（九州地方）	●		○	
	日本の諸地域（中国・四国地方）	○			
	日本の諸地域（近畿地方）	○		●	○
	日本の諸地域（中部地方）	●	○		○
	日本の諸地域（関東地方）	○		○	○
	日本の諸地域（東北地方，北海道地方）		●	○	○

> 地理分野の基礎知識を確実におさえたいなら，「50%以上」の問題を解くのもオススメだ。

		↑ 50%以上		↓ 50%以下	
		選択	文章記述	選択	文章記述
歴史分野	古墳時代まで	●		●	
	飛鳥時代	●		●	○
	奈良時代	●		○	●
	平安時代	●		●	●
	鎌倉時代	●	●	●	●
	南北朝・室町時代	●	○	●	○
	戦国・安土桃山時代	●	○	○	●
	江戸時代 ①（享保の改革まで）	●		●	●
	江戸時代 ②（田沼の政治から戊辰戦争まで）	●	○	●	●
	明治時代 ①（明治維新，自由民権運動，憲法の制定）	●	○	●	●
	明治時代 ②（日清・日露戦争，条約改正）	●	●	●	●
	大正時代	●		●	●
	昭和時代（第二次世界大戦まで）	●	○	●	●
	現代（第二次世界大戦後）	●	○	○	●
公民分野	現代社会とわたしたちの生活	●	●	○	●
	日本国憲法	●		●	
	人権	●	○	●	●
	国会	●		●	●
	内閣	●		●	●
	裁判所	●	○	○	●
	選挙と政党	●			●
	地方自治	●		●	
	消費生活・消費者保護	○	○		●
	流通と生産，企業	●	●		
	市場経済，金融	●	○	●	●
	財政	●		●	
	社会保障・労働	●	●	○	●
	地球環境問題	●	○	○	●
	国際社会	●		●	●

歴史分野は，各時代まんべんなく掲載されている。正答率の差はどんなところでつくのか，「50%以上」ものぞいてみるとよいね。

公民分野の経済項目は，「50%以下」では多くが記述式だ。難しいと感じたキミは，「50%以上」で基本を振り返ってみよう。

各分野，各項目の出題傾向
～バランスよく学習することが大切！～

　ここで，分野ごと（地理・歴史・公民）と，各分野の項目別の過去の出題実績をみてみよう。分野別のグラフからわかるように，歴史分野の出題割合が若干高いものの，実際の配点は3分野均等となっていることが多い。また，各分野の項目別の出題実績をみても，出題範囲が広いか狭いかの違いによるばらつきはみられるものの，とくに大きな偏りは認められない。だから，社会科の対策では，バランスを重視し，各分野，各項目ともまんべんなく学習することが求められる。

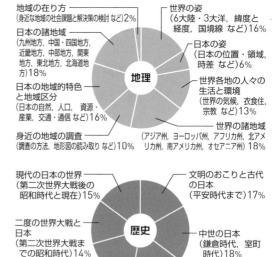

〈分野別・各分野の項目別　出題数の割合〉

資料を征するものは社会を征す！
～よく出る資料をおさえよう！～

　社会科の問題の特色の1つに，資料の多用があげられる。グラフや地図，統計資料，写真，年表など，短い試験時間の中でこれらの資料を落ち着いて読み解くのは難しいかもしれない。だからこそ，資料読解の成否が得点を大きく左右することになる。

　資料を使った問題を攻略する第一歩は，よく出る資料を確実におさえておくことだ。とくに，教科書に掲載されている資料や問題集でよく見かける資料は，本番の試験でも取り上げられやすい。また，なかには，読解さえ出来れば，余計な知識なしで解答できてしまう問題もある。だから，臆せずに取り組んでみよう。次に，「グラフ」を使った問題の例を挙げる。

※データは，2022年に実施された全国の公立入試問題について，旺文社が独自に調べたものです。

↘ 出題例　本文：33ページ　正答率：45%

図Ⅰは，1983（昭和58）年からの訪日外国人旅行者数の推移を表したものである。図Ⅱは，図Ⅰで表した訪日外国人旅行者数のうち，2003（平成15）年と2019年におけるアジアからの訪日外国人旅行者数とその国別の割合を示したものである。次の**ア**〜**エ**は，図Ⅰ，図Ⅱから読み取れる内容についてまとめたものである。正しいものを二つ選びなさい。〈大阪府・改〉

ア　2019年のアジア以外の地域からの訪日外国人旅行者数は，150万人を下回っている。

イ　2019年の訪日外国人旅行者数は，1983年の訪日外国人旅行者数の5倍を上回っている。

ウ　2019年の中国からの訪日外国人旅行者数は，2019年の訪日外国人旅行者数の60％以上を占めている。

エ　2019年の韓国からの訪日外国人旅行者数は，2003年の韓国からの訪日外国人旅行者数より増加している。

図Ⅰ　訪日外国人旅行者数の推移

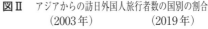

図Ⅱ　アジアからの訪日外国人旅行者数の国別の割合

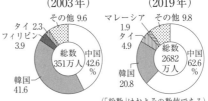

（「総数」はおよその数値である）

（図Ⅰ，図Ⅱともに日本政府観光局（JNTO）の資料により作成）

定番の論述問題は，絶対に落とすな！
〜用語と意味は，一対でおさえる〜

　最近は，公立高校の入試問題の多くで論述問題が出題されるようになっている。なかには複雑な形式のものもあるが，ここでは用語の意味を説明するだけの単純な問題をとり上げた。項目としては基本的かつ重要な，裁判所の違憲立法審査権についての問題で，出題例も多いはずの項目でありながら，正答率が8％と非常に低いのはどうしたわけだろう。基本的な用語で自分でも知っていると思っている問題も，いざ文章に書くとなると戸惑うものである。多くの人がつまずく論述問題で得点できるのは大きな強みだ。学習の際には，用語の意味を書いてみるという習慣をつけておきたい。

↘ 出題例　本文：74ページ　正答率：8%

最高裁判所について述べた次の文中の [＿＿＿＿] にあてはまる適当なことばを，「法律」「行政機関の行為」「最終」の3つの語を用いて，**30字以内**（読点も含む。）で書きなさい。〈千葉県〉

　最高裁判所が「憲法の番人」といわれるのは，[＿＿＿＿＿＿＿＿＿＿＿]からである。

世界の姿，人々の生活と環境

例題

正答率

↓

46%

次の文はハラルについて調べたことをまとめたものである。**A**に当てはまる内容を書きなさい。　　　　　　　　　　　　　　　　　　　　　　〈大分県〉

【ハラルについて】

ハラルと関係が深い国についてまとめると下の**図**のようになり，　**A**　が多いという共通点があることが分かります。

ハラルとは,「食べることが許されている」という意味であり，　**A**　は，ハラルではない食べ物を口にすることが禁じられています。そのため，間違って口にしてしまうことを防ぐために，店頭や製品にハラルであることを認証するマークが使われています。

図

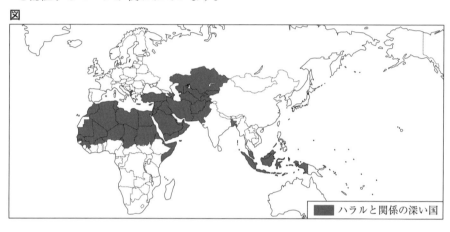

ハラルと関係の深い国

ミスの傾向と対策

図から，ハラルと関係の深い国は西アジア・中央アジア，東南アジアのインドネシア・マレーシア，北アフリカに分布していることがわかる。これらの地域にはイスラム教徒が多い。イスラム教では，豚肉を食べることや飲酒は厳しく禁じられている。そのため，豚肉などを使っていないことを認証マークで示している。

解答　　（例）**イスラム教を信仰している人**

 入試必出! 要点まとめ

■ **中心からの距離と方位が正しい地図**

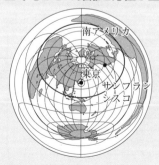

南アメリカ

東京

サンフランシスコ

● 日本から最も遠いのは，南アメリカ大陸の都市。
● サンフランシスコは日本から見て真東ではなく北東に位置する。

■ **世界の宗教の分布**

ユダヤ教

キリスト教
仏教
イスラム教
ヒンドゥー教
その他

1 39%
次の表は，右の地図中のA，B，C，Dの都市における1月と7月の平均気温，降水量が最も多い月の降水量(平均値)を示している。Aの都市は，表中のア，イ，ウ，エのどれか。記号で答えなさい。　〈栃木県〉

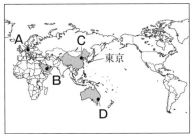

	1月(℃)	7月(℃)	降水量が最も多い月の降水量(mm)
ア	1.2	20.1	71.4（7月）
イ	− 2.8	27.2	170.6（7月）
ウ	23.5	13.1	120.4（6月）
エ	14.6	36.9	36.1（4月）

（「理科年表」により作成）

2 37%
右の略地図は，北極点からの距離と方位が正しく描かれている。この略地図からは，**読み取れないもの**を，次のア〜エの中から1つ選び，記号で答えなさい。　〈青森県〉
ア　ボゴタから見て，ブラジリアは南の方位に位置している。
イ　メキシコシティ，ブラジリア，ジャカルタのうち，北極点から最も遠いのはブラジリアである。
ウ　略地図中の──▶は，北極点からハノイへの最短コースを示している。
エ　この略地図には，南極大陸が描かれていない。

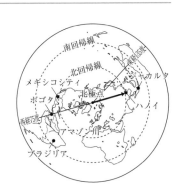

3 27%
地図のa〜dの経線のうち，南アメリカ大陸を通るものを1つ選び，記号で答えなさい。　〈秋田県〉

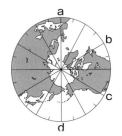

4 差がつく!! 22%
図1中に示した東京とニューオーリンズは，北極を中心に示した図2中のどこに位置するか。図2中のア〜カの中から1つずつ選び，記号で答えなさい。　〈千葉県〉

図1

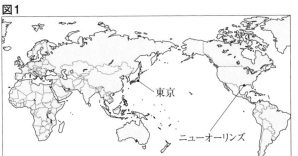

(注)国境に一部未確定部分がある。

図2

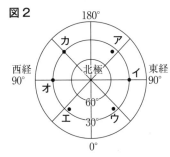

例題

正答率

40%

地図中の**A～D**の４つの地方のうち，海に面している都府県の数が最も**少ない**地方はどれか。次の**ア～エ**の中から１つ選び，記号で答えなさい。　〈千葉県〉

ア　近畿地方　　イ　中国地方
ウ　関東地方　　エ　中部地方

ミスの
傾向と対策

内陸県に着目すればむずかしくない。まず，**A～D**の地方を特定する。**A**は関東地方で１都６県，**B**は中部地方で９県，**C**は近畿地方で２府５県，**D**は中国地方で５県。このうち，中国地方はすべての県が海に面している。海に面していない内陸県の数は，関東地方が３県，中部地方が３県，近畿地方が２県である。よって，海に面している都府県の数は，関東地方が７－３＝４県，中部地方が９－３＝６県，近畿地方が７－２＝５県，中国地方が５県となり，関東地方が正解である。

解答　**ウ**

 入試必出! **要点まとめ**

■ 日本との時差の求め方

経度の差を求める 東半球の都市…135－その都市の経度 西半球の都市…135＋その都市の経度	15で割る 経度15度で 1時間の時差	時刻を求める 日本より西…時差の分だけ時間を戻す。 イギリスは９時間前になる

■ 日本の位置
● **緯度**…およそ**北緯20度**から**北緯46度**の間
● **経度**…およそ**東経122度**から**東経154度**の間
● **同緯度の国**…大韓民国（韓国）・中華人民共和国（中国）・アフガニスタン・イラク・スペイン・アメリカ合衆国など

■ 日本の領域
● **四大島**…本州・北海道・九州・四国
● **国土面積**…約38万km²
● **北方領土**…択捉島・国後島・色丹島・歯舞群島
　→ロシア連邦が占拠

■ 地方区分

※中国・四国地方と区分することもある。

北海道地方
東北地方
中部地方
関東地方
中国地方
近畿地方
四国地方
九州地方

1 49%　日本では東経135度の経線上の時刻を，フランスでは東経15度の経線上の時刻を標準時としている。宇都宮市が3月5日午前11時のとき，パリは3月5日の何時になるか。午前か午後かを含めて書きなさい。　〈栃木県〉

2 36%　山形県の位置を説明している文として**誤っているもの**を，次の**ア～エ**の中から1つ選び，記号で答えなさい。　〈宮崎県〉

ア　本州にあり，日本海に面している。

イ　新潟県，福島県，宮城県と県境が接している。

ウ　東経135度より東，北緯35度より北にある。

エ　3地方区分では中央部，7地方区分では東北地方に位置している。

3 28%　北方領土に関して，Mさんが見た**略地図**の**X**の島の名称と，**Y**の地点の緯度の組み合わせとして最も適するものを，次のア～エの中から一つ選び，記号で答えなさい。　〈神奈川県〉

略地図

ア　**X**の島の名称　：国後島
　　Yの地点の緯度：北緯45度

イ　**X**の島の名称　：国後島
　　Yの地点の緯度：北緯50度

ウ　**X**の島の名称　：択捉島
　　Yの地点の緯度：北緯45度

エ　**X**の島の名称　：択捉島
　　Yの地点の緯度：北緯50度

4 差がつく!! 22%　**略地図1**の**ア～エ**は緯線である。**略地図2**の北緯35度と同じ緯度を示すものを**ア～エ**の中から1つ選び，記号で答えなさい。　〈滋賀県〉

略地図1

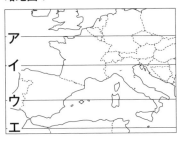

略地図2

北緯35度

世界の諸地域（1）

例題

正答率 ↓

46%

次の表は，小麦，米，牛肉，自動車について，世界の生産量に占める上位5か国の生産量の割合（2019年）を示したものであり，表中の**あ～え**にはアメリカ，中国，日本，フランスのいずれかが入る。**い，う**に入る国の名前を書きなさい。

〈山梨県〉

順位	小麦		米		牛肉		自動車	
	国名	割合(%)	国名	割合(%)	国名	割合(%)	国名	割合(%)
1	あ	17.4	あ	27.7	い	18.1	あ	27.9
2	インド	13.5	インド	23.5	ブラジル	14.9	い	11.8
3	ロシア	9.7	インドネシア	7.2	あ	8.7	え	10.5
4	い	6.8	バングラデシュ	7.2	アルゼンチン	4.6	ドイツ	5.4
5	う	5.3	ベトナム	5.8	オーストラリア	3.4	韓国	4.3

（「日本国勢図会2021/22」）

ミスの傾向と対策

わかりやすい国から特定していく。**え**は農産物にはまったく登場しないが，自動車の生産量では第3位であることから，多くの食料を輸入にたよっている工業国の日本と判断できる。**あ**は米・小麦の生産量が第1位で，自動車の生産量も圧倒的な1位であることから中国と判断できる。**い**は小麦が第4位，牛肉が第1位で，自動車の生産量が第2位であるこ

とから，世界有数の農産物の生産・輸出国で，自動車工業が発達しているアメリカと判断できる。残る**う**がフランスである。フランスはパリ盆地を中心に小麦の栽培がさかんで，ＥＵ（ヨーロッパ連合）域内などに小麦を大量に輸出している。

解答 い　アメリカ
　　　 う　フランス

入試必出！ **要点まとめ**

■中国
人口約14億人で世界一。少子高齢化が急速に進む。

■インド
世界第2位の人口。情報通信技術（ICT）産業
※インドの人口が中国を上回り，世界一になる見込みであることが2023年4月に発表された。

■インドネシア
米の生産国。石炭などの資源を輸出。

■ブラジル
鉄鉱石，コーヒー豆，バイオエタノール

■オーストラリア
鉄鉱石，石炭。アボリジニー。多文化主義

■フランス
ＥＵ最大の農業国。ハイテク産業が発達。

1 47%　次の**資料**は，2019年における小麦と牛肉の国別生産量と輸出量を示している。**資料**中の**A**〜**C**には，アメリカ，中国，オーストラリアのいずれかが入る。このうち，オーストラリアはどれか。**A**〜**C**の中から1つ選び，記号で答えなさい。〈青森県〉

資料

小麦
ロシア　B　フランス5%
インド　7%
14%　10%　その他
A　　47%
17%　生産量
76577万t
ロシア　18%　輸出量
15%　17952万t　その他
13%11%　25%
B　　　　　C5%
カナダ　フランス　アルゼンチン6%
ウクライナ7%

牛肉
アルゼンチン5%
ブラジル　9%　C3%
15%　その他
B　生産量　50%
18%　6831万t
ブラジル　17%　940万t
輸出量
C　14%10%　その他
オランダ5%　48%
B
アルゼンチン6%

（「データブック」による）

2 36%　右の地図に ● で示した地域について述べた次の文の **X** にあてはまることばを，下の図を参考にして書きなさい。〈鹿児島県〉

　● で示した地域では，マングローブ林を切り開いて，養殖池を作り，わが国も多く輸入している **X** を生産している。

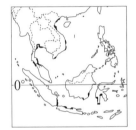

図　わが国の水産物輸入の魚種別割合（%）（総額1兆3678億円）

さけ ます 15	X 12	まぐろ 11	いか 4	かに 3	たこ 2	その他 53

（日本国勢図会2021/22から作成）

3 差がつく!! 20%　資料は，日本，アメリカ，オーストラリア，中国の4か国の原油の産出量，輸出量，輸入量を示し，**P**〜**R**は，そのいずれかである。産出量と輸入量を示すのはどれか，それぞれ記号で答えなさい。また，**あ**〜**う**のうち，中国を示すのはどれか，記号で答えなさい。〈福岡県〉

	P		Q		R	
	1980年	2018年	1980年	2018年	1980年	2019年
日本	21719	14921	0	－	58	64
あ	37	46189	1331	807	12283	22204
い	26144	38326	1415	10102	50332	70959
う	962	－	17	1139	2211	2025

（単位　万t，産出は万kℓ）
－ は皆無なこと，またはあてはまる数字がないこと。
（「世界国勢図会2021/22年版」等から作成）

4 差がつく!! 15%　中国の農業について説明した次の文章中の □ にあてはまることばを，漢字2字で書きなさい。〈岡山県〉

　南部では高温多湿のため米の栽培が，北部では小麦の栽培がさかんである。西部の内陸部では降水量が極端に少ないため □ が中心的な農業であるが，一部ではオアシス農業や畑作も行われている。

13

世界の諸地域 (2)

例題

若菜さんのグループは，小麦，とうもろこしの生産割合が高いアメリカについて，**説明文**，**略地図**を使って発表することにしました。後の(1)，(2)の問いに答えなさい。

〈滋賀県〉

正答率

↓

(1)
29%

差がつく!!

(2)
22%

説明文

　アメリカでは，小麦やとうもろこしの多くは，**略地図**が示すロッキー山脈の東側に広がる内陸部で栽培されています。
　（　　　）的農業が多く，センターピボットや大型機械などを使い，少ない人数で効率よく生産が行われています。

略地図

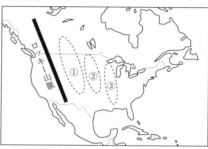

〔1〕 **説明文**の（　　　）にあてはまる語句を漢字2字で書きなさい。

〔2〕 **略地図**の①から③にあてはまる語句の組み合わせとして正しいものを次の**ア〜エ**の中から1つ選び，記号で答えなさい。

ア　①　グレートプレーンズ　②　プレーリー　③　中央平原

イ　①　プレーリー　②　グレートプレーンズ　③　中央平原

ウ　①　グレートプレーンズ　②　中央平原　③　プレーリー

エ　①　プレーリー　②　中央平原　③　グレートプレーンズ

ミスの傾向と対策

〔1〕　アメリカでは，広大な農地で大型機械を用いた大規模な農業が行われ，農産物が大量に生産されている。

〔2〕　ロッキー山脈に近い①はグレートプレーンズとよばれる乾燥した草原で，小麦の栽培がさかんである。その東の②はプレーリーとよばれる温帯の肥沃な草原で，とうもろこしや大豆の栽培がさかんである。③はミシシッピ川が流れる中央平原である。

解答　〔1〕企業　〔2〕ア

 入試必出! **要点まとめ**

■アメリカ合衆国の人口構成

<u>多民族社会</u>…多くの移民を受け入れてきた。ヨーロッパ系が中心であるが，アフリカ系，アジア系，先住の人々，スペイン語を話す<u>ヒスパニック</u>など多様

■アメリカ合衆国の農業

● **適地適作**…自然条件に合う作物を栽培。

● **大規模農業**…大型機械を利用した企業的経営

● **世界の食料庫**…小麦・とうもろこし・大豆などを大量に輸出

■アメリカ合衆国の工業と都市

ニューヨーク…ウォール街，国際連合の本部

ロサンゼルス…太平洋側の中心，ハリウッド

1 44%　資料中の**ア〜エ**のうちからアメリカ合衆国を示しているものを1つ選び，記号で答えなさい。〈千葉県〉

日本・中国・アメリカ合衆国・オーストラリア・ブラジルの主要食料等の生産量,輸入量,輸出量

国名	小麦の生産と輸出入(万t)			肉類の生産と輸出入(万t)			原油の産出(万kℓ)と輸出入(万t)		
	生産量	輸入量	輸出量	生産量	輸入量	輸出量	産出量	輸入量	輸出量
日本	104	–	–	405			14921		
ア	–	658	56	2862	–	714	16163	–	5463
イ	1760	9	959	482	–		1637	1767	
ウ	5226	2707	2707	4811	231	792	63560	38326	10102
エ	13360	321	–	7575	368	–	21920	46189	–

(注)統計数値は2019年(原油は2018年)のものである。表中の – は皆無なこと,またはあてはまる数字のないこと。
(「世界国勢図会2021/22年版」などより作成)

2 40%　右の略地図の**ア〜エ**に⚫で示した4つの国のうち，次の◻◻のⅠ，Ⅱがともにあてはまる国はどこか。右下の資料を参考にして，**ア〜エ**から1つ選びなさい。〈滋賀県〉

ア 　イ 　ウ 　エ

> Ⅰ　略地図で⚫で示した範囲の一部，または全部が南半球に位置している。
> Ⅱ　1km²あたりの人口(人口密度)が100人を超えている。

国名	人口(万人)	面積(万km²)
イギリス	6,789	24
ブラジル	21,256	852
南アフリカ共和国	5,931	122
インドネシア	27,352	191

(『データブック オブ・ザ・ワールド2022年版』より作成)

3 27%　右の略地図にあるザンビアに関して，次の**グラフⅠ**，**グラフⅡ**と**資料**を使い，ザンビアの主要輸出品目の構成の特徴とザンビアが長年抱えてきた経済の課題，またその課題を解決するためのザンビア政府の政策を，**75字以内**で書きなさい。解答にあたっては，**グラフⅠ**，**グラフⅡ**からは，ザンビアの主要輸出品目の構成の特徴と課題を読み取ったうえで，**変動**という語を必ず用いて書き，**資料**からは，ザンビア政府の政策を読み取って書きなさい。なお，文末は句点(。)で終わり，全体の字数に入れること。〈神奈川県〉

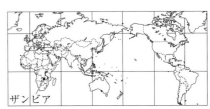

グラフⅠ ザンビアの主要輸出品目(2020年)

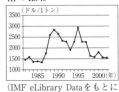

その他 26.5%
銅 73.5%

(『データブック オブ・ザ・ワールド2022年版』をもとに作成)

グラフⅡ 銅の国際価格の推移

(ドル/1トン)
(IMF eLibrary Dataをもとに作成)

資料
> ザンビアは鉱業に依存した経済からの脱却を目指し，経済の多様化を掲げた開発政策を長年採ってきた。近年は，周辺国や自国の経済成長によって国内外の非鉱物製品の需要が拡大し，その貿易量が増加するなど，経済の多様化の兆候が見え始めている。

(外務省「対ザンビア共和国　国別援助方針(平成26年6月改訂)」から)

例題

正答率
↓

27%

下の地図は，ある地域の2万5千分の1の地形図を拡大したものである。□で囲まれた範囲は，a地点やb地点と違って水田に利用されていない。その理由を，「□で囲まれた範囲は地図から　X　ことが読みとれるので，稲作に必要な　Y　からではないか」と考えた。　X　と　Y　にあてはまる内容をそれぞれ書きなさい。 〈秋田県〉

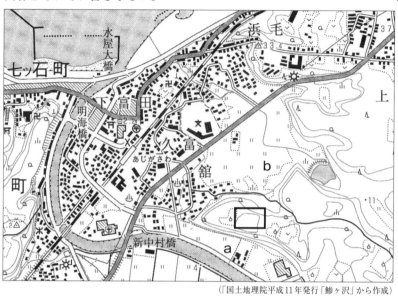

（「国土地理院平成11年発行「鰺ヶ沢」から作成）

ミスの傾向と対策

等高線に着目する。2万5千分の1の地形図なので，等高線は10mごとに引かれている。このことから，□で囲まれた場所はa地点やb地点より40〜50mほど高くなっていることがわかる。次に稲作について考えてみる。水田（॥）の風景を思い浮かべてみよう。稲作には水が必要である。実際，

稲作が行われているa地点は川の近く，b地点は池の近くの低地である。他方，□で囲まれた範囲はa地点やb地点より標高が高く，近くに川も池もないことから，稲作に必要な水が得にくいと考えられる。

解答　X（例）周りより（標高が）高い
　　　　Y（例）水を得にくい

　入試必出!　**要点まとめ**

■ **地形図の読み取り**

● **地図記号を見る**…特に土地利用に着目。その地域の農業のようすがある程度わかる。工場が集まっている場所なども注意する。

● **等高線を見る**…土地の起伏や傾斜がわかる。
　等高線の間隔が広い→傾斜がゆるやか
　等高線の間隔がせまい→傾斜が急

■ **実際の距離を求める**

（地形図上の長さ）×（縮尺の分母）
cm，m，kmの単位に注意する。

■ **地形図と地形**

扇状地…扇央を頂点に，等高線が扇を広げたような形にほぼ一定の間隔で引かれている。

1 40%　美咲さんは，叔父の家から見える月山に登る計画を立てた。右の地形図の登山道(−−−)**ア**，**イ**，**ウ**，**エ**のうち，標高1900 m地点と標高1950 m地点の二点間の傾斜が，最もゆるやかであると読みとれるのはどれか。記号で答えなさい。

〈栃木県〉

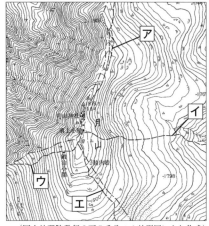

（国土地理院発行2万5千分の1地形図により作成）

2 差がつく!! 19%　次の地形図で示された地域において，台地の部分と低地の部分では，それぞれ農地は主にどのように利用されているか，簡潔に書きなさい。

〈栃木県〉

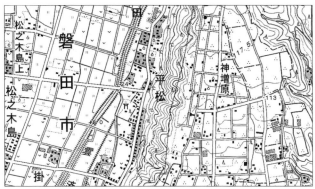

（国土地理院発行2万5千分の1地形図により作成）

3 差がつく!! 18%　右の地形図中の斜線(▨)で示した**X**の部分の土地面積は約何km²か。次の**ア**〜**エ**の中から1つ選び，記号で答えなさい。

〈千葉県〉

ア 0.2km²　　**イ** 1.2km²

ウ 2.0km²　　**エ** 12km²

0 ——————— 4cm

（国土地理院　平成10年発行 1：25,000「板柳」原図より作成）

日本の自然環境の特色

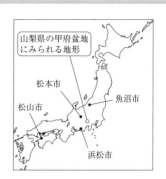

山梨県の甲府盆地にみられる地形

松本市
魚沼市
松山市
浜松市

例題

略地図を見て，次の問いに答えなさい。

〈鹿児島県〉

正答率

差がつく‼

〔1〕
19%

〔2〕
36%

〔1〕 甲府盆地には下の図に太線（——）で示したような形の地形がみられる。この地形名と，〈____〉部分の土地の性質の組み合わせとして最も適当なものはどれか。次のア〜エの中から１つ選び，記号で答えなさい。

ア 三角州：水を得やすい
イ 三角州：水を得にくい
ウ 扇状地：水を得やすい
エ 扇状地：水を得にくい

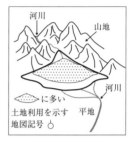

河川　山地
河川
〈____〉に多い
土地利用を示す　平地
地図記号 ○

〔2〕 次のア〜エは略地図の魚沼市，松本市，浜松市，松山市のいずれかの月別平均気温と月別降水量を示している。松本市にあてはまるものはどれか。次のア〜エの中から１つ選び，記号で答えなさい。

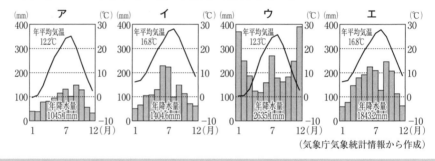

ア	イ	ウ	エ
年平均気温 12.2℃	年平均気温 16.8℃	年平均気温 12.3℃	年平均気温 16.8℃
年降水量 1045.1mm	年降水量 1404.6mm	年降水量 2635.1mm	年降水量 1843.2mm

（気象庁気象統計情報から作成）

ミスの傾向と対策

〔1〕 扇状地は，川が山地から平地に出るところに形成される，ゆるやかな傾斜地である。三角州は，川の河口付近に形成される，低くて平らな土地である。扇状地は水はけがよいので果樹園などに利用されている。地図記号は果樹園を示している。

〔2〕 松本市は，降水量が少なく，夏と冬の気温の差が大きい内陸の気候なのでアがあてはまる。イは瀬戸内の気候の松山市，ウは日本海側の気候の魚沼市，エは太平洋側の気候の浜松市である。

解答 〔1〕 **エ** 〔2〕 **ア**

入試必出! **要点まとめ**

■ **日本の地形**
　国土の約4分の3が山地。環太平洋造山帯
　短くて急な川…水力発電に利用
　複雑な海岸線…リアス海岸

■ **世界の造山帯**
　環太平洋造山帯とアルプス・ヒマラヤ造山帯

■ **日本の気候**
● 北海道の気候…夏が短く，冬が寒冷。
● 日本海側の気候…冬に雪や雨が多い。
● 太平洋側の気候…夏に高温で雨が多い。
● 瀬戸内の気候…雨が少ない，冬は温暖。
● 内陸の気候…少雨で夏と冬の気温差が大きい。
● 南西諸島の気候…年間を通じて温暖で雨が多い。

1 46%
次のカードは，みゆきさんがアマゾン川について，山梨県から静岡県へ流れる富士川と比較してまとめたものである。カード中の**a**には当てはまる語句を，**b**には略地図を参考にあてはまる海洋の名前を，それぞれ書きなさい。〈山梨県〉

アマゾン川→

> アマゾン川は，長さが富士川の約50倍で，**a**面積は1700倍以上の広さがある。また，アマゾン川の河口は，**b**に面している。

	長さ(km)	**a**面積 km²
富士川	128	3,990
アマゾン川	6,516	7,050,000

（「新編中学校社会科地図」より作成）

2 43%
わが国の国土のおよそ4分の3は山地である。このことを参考にして，わが国の国土利用の割合（2018年）を示した右の図中のI，II，IIIに当てはまる語の正しい組み合わせを，次の**ア～エ**の中から1つ選び，記号で答えなさい。〈栃木県〉

ア I－農地　II－宅地　III－森林
イ I－農地　II－森林　III－宅地
ウ I－森林　II－宅地　III－農地
エ I－森林　II－農地　III－宅地

国土利用	割合
I	66.2%
II	11.7
III	5.2
その他	16.9

（「日本国勢図会」により作成）

3 差がつく!! 12%
次の会話文中の下線部の水害が発生する理由として，会話文中の□□□に当てはまる文を，「舗装」の語を用いて簡潔に書きなさい。〈栃木県〉

一郎：「大阪市は潮岬より日照時間が短いのに，最高気温が高くなっています。都市の中心部では，自動車やエアコンからの排熱により周辺部と比べ気温が高くなっているからでしょうか。」

先生：「そうですね。これは，ヒートアイランド現象とよばれますね。また，周辺部と比べ気温が高くなることで，急な大雨が降ることもあります。」

一郎：「そういえば，大阪市で突然激しい雨に降られました。都市の中心部では，□□□ので，集中豪雨の際は大規模な水害が発生することがあると学びました。」

4 差がつく!! 10%
資料は，**略地図**中の鯵ヶ沢町と八戸市の1991年から2020年までの日照時間と降水量の月ごとの平均値を示している。11月から2月までの間で，鯵ヶ沢町と八戸市の日照時間と降水量に違いがみられるのはなぜか，その理由を書きなさい。〈青森県〉

略地図

八戸市
鯵ヶ沢町

資料
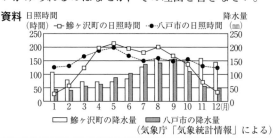
（気象庁「気象統計情報」による）

日本の人口の特色

例題

正答率
37%

資料の「昼夜間人口比率」とは，夜間の人口を100としたときの昼間の人口の割合である。**Ⅱ**，**V**の府県と東京の割合が100より大きい理由を，**略地図**と**資料**を見て，「**昼間は，**」の書き出しに続けて書きなさい。　　　　〈滋賀県〉

略地図
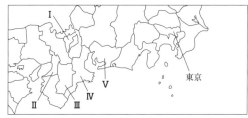

資料

都府県	人口 （千人） （2020年）	使用電力 量（電灯） （百万kWh） （2019年）	製造品 出荷額 （億円） （2019年）	企業数 （従業者数 300人以上） （2020年）	大学数 （2020年）	昼夜間 人口比 率（%） （2015年）
Ⅰ	1,414	10,913	80,754	93	9	96.5
Ⅱ	8,809	52,735	172,701	149	55	104.4
Ⅲ	1,330	6,735	21,494	25	11	90.0
Ⅳ	1,781	17,859	107,685	102	7	98.3
V	7,552	56,088	481,864	371	51	101.4
東京	13,921	80,805	74,207	3,544	143	117.8

（「日本国勢図会2021/22年版」，「県勢2022年版」，平成27年国勢調査より作成）

ミスの
傾向と対策

　Ⅰは滋賀県，**Ⅱ**は大阪府，**Ⅲ**は奈良県，**Ⅳ**は三重県，**V**は愛知県である。東京・大阪・愛知に共通するのは，企業数と大学数が多いことである。そのため，東京都の場合は，近隣の神奈川県・埼玉県・千葉県などから，大阪府の場合は近隣の京都府・兵庫県・奈良県などから，愛知県の場合は近隣の三重県などから，会社や学校に通う人が多くなる。その結果，昼間の人口の割合が100より大きくなる。

解答　　（例）（昼間は，）他府県から通勤，通学してくる人が多いから。

入試必出！**要点まとめ**

■ 人口ピラミッド

富士山型→つりがね型→つぼ型
現在の日本はつぼ型で，<u>少子高齢化</u>が進行。

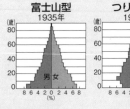
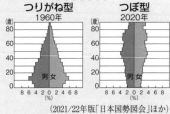

（2021/22年版「日本国勢図会」ほか）

■ かたよる人口分布

過密…東京・大阪・名古屋の三大都市圏。
　　　騒音・大気汚染，交通渋滞，ごみ処理
　　　などの都市問題。
過疎…山間部や農村部。
　　　鉄道の廃止，病院の閉鎖などの問題。

■ 都市の成長

地方中枢都市…札幌・仙台・広島・福岡など。
政令指定都市…新潟・静岡・岡山・熊本など。

1 (47%) 1950〜1980年の市部（「市」に属する地域）と郡部（「郡」に属する地域）の人口について，それぞれどのような状況になったか**図**，**表**をもとにして説明しなさい。 〈鹿児島県〉

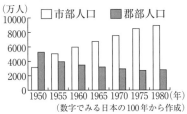

図　市部人口と郡部人口の推移

（数字でみる日本の100年から作成）

表　市部と郡部の人口密度（人/km²）

	1960年	1980年
市	692.9	869.8
郡部	113.9	100.5
全国	249.3	309.9

（昭和国勢総覧から作成）

2 (41%) 耕一さんは，建築物が各時代の社会を知る手がかりとなることを知り，歴史的な建築物を保存することが大切だと思った。近年，歴史的な町なみの保存についても関心が高まっているが，このような町なみを保存する上で大切なことは何か。奈良県における町なみ保存の実例を示した次の資料を参考に，「景観」，「生活」の語を用いて簡潔に書きなさい。 〈奈良県〉

整備前

整備後

（「なら・まちづくり ガイドブック」より）

3 (33%) 千里ニュータウンは，主に1960年代に建設され，同じような若い年代の人たちが入居した。**資料1**，**資料2**を見た先生と生徒の会話の 　　　　 に適することばを，**資料1**，**資料2**を参考にして書きなさい。 〈鹿児島県〉

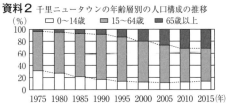

資料1 千里ニュータウンと全国の高齢化率の推移および千里ニュータウンの人口の推移

資料2 千里ニュータウンの年齢層別の人口構成の推移

（**資料1**，**2**は吹田市資料および豊中市資料などから作成）

> 先生：千里ニュータウンは，ある時期に全国を上回るスピードで高齢化率が上昇しています。どのような原因が考えられますか。
>
> 生徒：千里ニュータウンができたころに入居した人たちがほぼ同時期に65歳以上になったことと，　　　　　　ことが原因だと思います。
>
> 先生：千里ニュータウンの高齢化率を計算するときの65歳以上の人口だけでなく，千里ニュータウンの人口全体について，それぞれ考えたのですね。最近は，さまざまな取り組みが行われ，高齢化率の上昇は緩やかになり，人口も増え始めています。

日本の資源・産業の特色

例題

正答率 → 差がつく!! **20**%

グラフは，札幌市中央卸売市場におけるピーマンの月別の取扱量と価格を，それぞれ示したものです。**略地図**の**X**県がピーマンを札幌に出荷している理由について，**グラフ**をもとに，北海道産のピーマンの取扱量と価格の動きにふれて，書きなさい。

〈北海道〉

グラフ

取扱量(t)　価格(円)

略地図

X

□総取扱量　■X県産の取扱量
☑北海道産の取扱量　▲価格(1kg当たり)

(データは2021年，令和3年札幌市中央卸売市場年報より作成)

ミスの傾向と対策

北海道産のピーマンの取扱量は，7～10月が多く，それ以外の時期は北海道以外の産地のピーマンが多い。特に，**X**の宮崎県からの取扱量がたいへん多い。宮崎県の野菜農家からすれば，北海道産のピーマンが少ない時期に出荷することで，高い価格で売ることができる。宮崎県では，冬でも温暖な気候を生かし，ビニールハウスを利用してピーマンなどの野菜を促成栽培している。

解答

(例) 北海道産のピーマンの取扱量が少なく，価格が高い時期に出荷することで，利益をあげることができるから。

 入試必出! **要点まとめ**

■ 日本の農業
　稲作が中心…北海道・東北・北陸が大産地
● 野菜栽培…促成栽培，抑制栽培，近郊農業
● 果樹栽培…暖かい地方のみかん
　　　　　　涼しい地方のりんご
● 畜産…北海道と南九州などでさかん

■ 日本の水産業
● 世界有数の水産国…千島海流と日本海流がぶつかる潮目(潮境)。大陸棚が広がる
● 育てる漁業…養殖漁業と栽培漁業

■ 日本の工業
　太平洋ベルト…工業地帯・工業地域が集中
● 臨海部…鉄鋼・石油化学などの大工場
● 内陸部…自動車・電気機械など

■ 資源・エネルギー
● 石油・石炭・鉄鉱石…ほとんどを輸入に依存
● 発電…火力が中心，再生可能エネルギーの利用
　水力発電→河川上流の山間部
　火力発電→大都市の臨海部
　原子力発電→人口の少ない海岸部

1 38%　資料1は，ある資源の日本における輸入相手国の割合を，資料2は，その資源の日本における自給率の推移を表している。この資源は何か，書きなさい。　〈青森県〉

資料1〔2020年〕

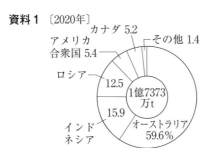

カナダ 5.2　その他 1.4
アメリカ合衆国 5.4
ロシア 12.5
1億7373万t
インドネシア 15.9
オーストラリア 59.6%

資料2

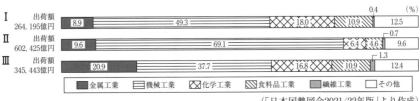

（資料1・資料2「日本国勢図会2021/22」による）

2 31%　次のⅠ〜Ⅲのグラフは，それぞれ略地図のＡ〜Ｃのいずれかの都市を含む工業地帯の2018年における工業別の出荷額の割合を示したものです。Ⅰ〜Ⅲに当てはまる工業地帯の名を，それぞれ書きなさい。（完答）　〈北海道〉

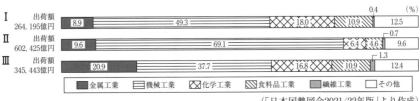

Ⅰ　出荷額 264,195億円　8.9　49.3　18.0　10.9　0.4　12.5 (%)
Ⅱ　出荷額 602,425億円　9.6　69.1　6.4　4.6　0.7　9.6
Ⅲ　出荷額 345,443億円　20.9　37.7　16.8　10.9　1.3　12.4

■金属工業　▤機械工業　▨化学工業　▧食料品工業　▥繊維工業　□その他

（「日本国勢図会2021/22年版」より作成）

略地図

3 27%　九州地方には，ＩＣ（集積回路）を生産する工場が多くみられる。右の地図中の■は主なＩＣ工場を，✈は主な空港を，太い線は主な高速道路をそれぞれ示している。ＩＣ工場が地図に示すような場所にみられるのはなぜだと考えられるか。その理由を簡潔に書きなさい。　〈広島県〉

0　50km

例 題

次の資料のＡ，Ｂは，成田国際空港と横浜港の輸出総額と輸出品目の割合を示している。このうち，成田国際空港はＡ，Ｂのどちらか，その記号を書きなさい。また，選んだ理由も書きなさい。　〈青森県〉

正答率
↓
48%

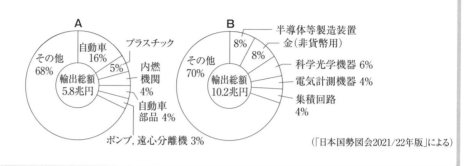

（「日本国勢図会2021/22年版」による）

ミスの
傾向と対策

まずＡ・Ｂの特徴を確認する。Ａは自動車，内燃機関，自動車部品などが大きな割合を占めている。これらの品目は，大きくて重いものである。Ｂは科学光学機器，集積回路などが上位にある。これらの品目は，小さくて軽い割には価格が比較的高いものである。成田国際空港は航空機，横浜港は船が輸出入の手段である。航空機は船と比べて輸送費が高くつく。また，大きくて重いものの輸送には適していない。しかし，集積回路のような小型・軽量の製品

の輸送には適している。さらにこれらの製品は価格が高いので，航空機で輸送しても採算がとれる。よって，Ｂが成田国際空港であると判断できる。選んだ理由は，以上を簡単にまとめるとよい。

解答　記号－Ｂ　理由－（例）主要な輸出品は高価で，航空機で運べる小型，軽量な製品が多いから。

入試必出！ **要点まとめ**

■ おもな輸送手段
● **鉄道**…時間が正確，二酸化炭素排出量→少。
　　　　大都市での旅客輸送
● **自動車**…戸口から戸口へ。
　　　　国内貨物輸送の中心
● **船**…大量の貨物を安い運賃で運ぶ。
　　　　海外との貿易
● **航空機**…高速であるが運賃が高い。
　　　　海外への旅客輸送，ＩＣなどの貨物

■ 本州四国連絡橋
● **神戸・鳴門ルート**…明石海峡大橋・大鳴門橋
　　　　　　　　　　　　など
● **児島・坂出ルート**…瀬戸大橋
● **尾道・今治ルート**…瀬戸内しまなみ海道

■ 日本の貿易
● **加工貿易**…原材料を輸入し，工業製品を輸出する貿易。かつての日本も加工貿易を行っていたが，現在では工業製品の輸入が増えている。
● **貿易摩擦**…日本の輸出が増えすぎたことから，アメリカ合衆国やヨーロッパの国々との間におこった貿易上の対立。

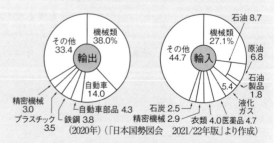

（2020年）（「日本国勢図会　2021/22年版」より作成）

1 42%

次の表は，右の地図で示したカナダ，ブラジル，コートジボワール，ニュージーランドについて，それぞれの国の貿易額，主な輸出品目及び輸入品目とそれぞれの金額を示したものである。このうち，ブラジルに当てはまるものはどれか。表中の**ア～エ**から一つ選び，その符号を書きなさい。　〈新潟県〉

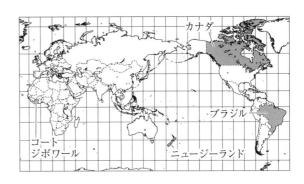

	貿 易 額	主な輸出品目及び輸入品目とそれぞれの金額							
ア	127	カカオ豆	36	石油製品	11	金(非貨幣用)	11	野菜・果実	10
	105	機 械 類	16	原 油	15	自 動 車	6	米	6
イ	2,254	大 豆	261	原 油	242	鉄 鉱 石	227	肉 類	163
	1,773	機 械 類	440	石油製品	133	自 動 車	120	有機化合物	110
ウ	4,461	原 油	681	自 動 車	589	機 械 類	488	金(非貨幣用)	161
	4,532	機 械 類	1,144	自 動 車	723	医 薬 品	152	石油製品	149
エ	395	酪 農 品	105	肉 類	55	木 材	29	野菜・果実	28
	423	機 械 類	99	自 動 車	54	原 油	28	石油製品	18

(上段：輸出　下段：輸入)(単位　億ドル)　　　　　　　　　　　　　(「世界国勢図会」2021/22年版による)

2 40%

一郎君は，南半球の3つの国と日本との貿易について次のようにまとめた。**資料**をもとに，(　　　)にあてはまる適切な言葉を書きなさい。　〈宮崎県〉

南半球の3つの国とも，日本との貿易額は年々増加しており，3つの国の日本へのおもな輸出品をみると，(　　　)を輸出している点が共通している。

資料　　　　　　　　**南半球の3つの国と日本との貿易**

日本との貿易額の推移(単位10億円)				
	国名＼年	2000年	2004年	2020年
日本への輸出	①南アフリカ共和国	324	498	615
	②チリ	306	452	720
	③オーストラリア	1,596	2,103	3,821
日本からの輸入	①南アフリカ共和国	201	314	178
	②チリ	71	78	108
	③オーストラリア	924	1,277	1,295

(「日本国勢図会2021/22年版」他より作成)

日本へのおもな輸出品	
①南アフリカ共和国	ロジウム，パラジウム，白金，鉄鉱石
②チリ	銅鉱，魚介類，ウッドチップ，モリブデン鉱
③オーストラリア	液化天然ガス，石炭，鉄鉱石，銅鉱，肉類

(「日本国勢図会2021/22年版」他より貿易額に基づいて作成)

3 差がつく!! 10%

右の表は，日本における海上輸送と航空輸送について，総輸入額，総輸入量，主な品目をそれぞれ示している。どのような品目が海上輸送に適していると考えられるか。表をもとに，簡潔に書きなさい。　〈広島県〉

輸送方法	海上輸送	航空輸送
総輸入額(億円)	567,981	200,963
総輸入量(万 t)	73,793	82
主な品目	原油 液化ガス 石炭 鉄鉱石	医薬品 半導体等電子部品 事務用機器 科学光学機器

(国土交通省ウェブページ，日本国勢図会 2021/22年版による。)

例題

正答率

35%

次の表は，右の地図中に**A〜D**で示した，それぞれの道県における，1950〜2000年までの10年ごとの人口増加率，1970年と2000年の昼間人口から常住（夜間）人口をひいた数及び1960年，1980年，2000年の道県庁所在地人口の道県の総人口に占める割合を示したものである。**ア〜エ**の文章は，**A〜D**の**いずれかの道県**の人口の変化について述べたものである。**C**の県について述べているものを，**ア〜エ**の中から1つ選び，記号で答えなさい。 〈東京都〉

	10年ごとの人口増加率 (%)					昼間人口から常住（夜間）人口をひいた数（千人）		道県庁所在地人口の道県の総人口に占める割合（%）		
	1950年〜1960年	1960年〜1970年	1970年〜1980年	1980年〜1990年	1990年〜2000年	1970年	2000年	1960年	1980年	2000年
A	17.3	2.9	7.6	1.2	0.7	2	− 2	10.4	25.1	32.1
B	7.8	46.0	40.7	17.3	6.7	− 315	− 734	10.5	15.8	15.0
C	18.0	19.5	10.2	5.1	2.7	− 207	− 270	28.5	26.6	26.9
D	13.5	0.5	13.1	5.7	4.3	25	8	16.1	23.9	26.7

(注) 10年ごとの人口増加率は毎年10月1日を基準日とするため，年が重複している。

(2000年国勢調査などより作成)

ア 高度経済成長期に湾岸地域は埋め立てられ，工業地域として発展するとともに，北西部を中心に住宅地の開発が進み人口が急増した。日中は近隣の大都市に通う人の人口移動がみられる。

イ 古くから製鉄業を中心に発展した北部の工業地帯が，産業構造の変化により人口が減少したため，高度経済成長期は全体の人口増加が停滞した。一方，地域の行政・経済の中心都市は，この地方全体の交通の要地としても発展している。

ウ 国内有数の貿易港がある都市を中心とする南部に人口が集中している。早くから近隣の各都市との間に交通網が整備され，住宅地として開発が進み，2000年までは人口増加が続いた。

エ エネルギー源の転換などにより，炭鉱のある都市では人口が減少した。その影響から，1980年代以降は全体として人口の伸びは少ない。一方，地域の行政・経済の中心である都市には，人口流入が続き一極集中が顕著になっている。

ミスの傾向と対策

Aは北海道，**B**は千葉県，**C**は兵庫県，**D**は福岡県である。知識だけで判断するのはむずかしい。表をていねいに読み取る。**A**は1980年代以降に人口増加率が下がるとともに，道県庁所在地人口の道県の総人口に占める割合は増大している。よって，**A**は**エ**である。**B**は高度経済成長の時期に人口が急激に増加し，近年も増加率が比較的高い。また，昼間人口から常住人口をひいた数はマイナスで，しかも数値が大きい。これは，昼間に県外に通勤・通学する人がたいへん多いことを意味する。「近隣の大都市」は東京のこと。よって，**B**は**ア**である。**C**は高度経済成長の時期に人口が増大し，昼間人口から常住人口をひいた数はマイナスで数値が大きい。近隣の大阪に通勤・通学する人が多いことを意味している。「国内有数の貿易港がある都市」は神戸市のこと。よって，**C**は**ウ**である。**D**は1960〜70年に人口増加が停滞したが，近年の人口増加率は比較的高い。また，**D**の北部には古くから製鉄業を中心に発展した工業地帯があることから，**D**は**イ**である。

解答 **ウ**

1

40%

右の地図の**A～D**は県を示している。次の問いに答えなさい。

〈福島県〉

(1) **A**県について，地図中に示した博多港は，韓国のプサンと定期便で結ばれ，多くの人が利用する港である。博多港がある都市名を書きなさい。

47%

(2) 下の表は地図中の**A～D**県の米とピーマンの収穫量，牛肉の生産量，漁獲量をあらわしている。**C**県にあてはまるものを，表中の**ア～エ**の中から１つ選び，記号で答えなさい。

表　**A～D**県の米とピーマンの収穫量，牛肉の生産量，漁獲量

	米（t）	ピーマン(t)	牛肉（t）	漁獲量※(t)
ア	88400	11800	47942	58298
イ	46800	…	8465	250771
ウ	76000	26800	24656	100130
エ	145200	…	24058	18283

※遠洋・沖合・沿岸漁業における漁獲量（「データでみる県勢2022年版」により作成）

2

47%

次の表は，右の地図中の**あ～え**の４県の人口などを表したものであり，表中の**a～d**は，それぞれ**あ～え**のいずれかに当たる。**a**に当たる県を**あ～え**から１つ選び，その記号と県名を答えなさい。

〈愛媛県〉

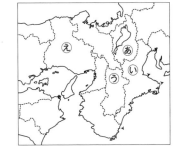

項目　　　　県	人口（千人）(2020年)	湖沼，河川の面積(km²)(1987年度)	農業産出額（億円）(2019年)	海面漁業生産量（百t）(2019年)	工業製品出荷額（億円）(2019年)
a	1,771	181	1,106	1,310	107,685
b	1,414	766	647	－	80,754
c	1,330	75	403	－	21,494
d	5,466	191	1,509	409	163,896

（「データでみる県勢2022年版」ほかによる）

3

29%

資料１をみると，1963年から2003年の間に，滋賀県の東部から南部の地域で製造品出荷額が大きく増加し，工業が発展したことがわかる。この地域で製造品出荷額が増加したのはなぜか，その理由を資料１，２をもとに，簡潔に書きなさい。

〈宮城県〉

資料１　滋賀県のおもな市町村別製造品出荷額の変化

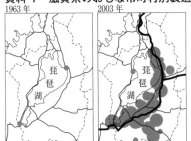

1963年　　2003年

――― おもな国道
━━━ おもな高速道路

製造品出荷額
（250億円以上の
市町村のみ表示）
● 1000億円以上
● 500～1000億円
・ 250～500億円

（「1963年工業統計表」，
「2003年工業統計表」より作成）

資料２　滋賀県の周辺
（2003年ごろ）

▨ おもな工業地域
● 人口100万人
以上の都市

――― おもな高速道路

例 題

正答率

↓

30%

下の**表1**は，3つの県の工業について，製造品出荷総額およびおもな工業とその製造品出荷額が製造品出荷総額にしめる割合（2018年）を示したものである。また，**表2**は**表1**中のおもな工業を大きく3つの型に整理したものである。これらの表をもとに，愛媛県，宮崎県と比較して読みとれる埼玉県の工業の特色を，**表2**の名称も用いて書きなさい。　　　　　　　　　　　　〈埼玉県〉

表1

県　名	製造品出荷総額	おもな工業（上段）とその製造品出荷額が製造品出荷総額にしめる割合（下段）					
埼玉県	143440億円	輸送用機械	生産用機械	化　学	食料品	印　刷	情報通信機械	その他
		18.9%	4.3%	12.1%	14.1%	5.1%	2.6%	42.9%
愛媛県	42861億円	パルプ・紙	化　学	石油・石炭製品	非鉄金属	食料品	生産用機械	その他
		12.7%	8.2%	12.2%	18.4%	7.0%	5.2%	36.3%
宮崎県	17322億円	食料品	電子部品	化　学	飲料・飼料	ゴム製品	電気機械	その他
		21.2%	10.6%	10.2%	10.9%	6.4%	2.9%	37.8%

表2

	工業の三つの型	
名　称	説　明	おもな工業
基礎素材型工業	他の工業に必要な原料素材をつくる工業	パルプ・紙石油・石炭製品ゴム製品　非鉄金属　化学
加工組立型工業	部品や機械を組み立てて製品をつくる工業	生産用機械　輸送用機械電気機械　電子部品情報通信機械
生活関連型工業	生活に関わりの深い製品をつくる工業	食料品　飲料・飼料印刷

（表1，表2とも，「日本国勢図会 2021/22 年版」から作成）

ミスの傾向と対策

他の2つの県と比較した工業の特色だから，まず数値の違いに注目する。製造品出荷総額を見ると，埼玉県は愛媛県の3倍以上，宮崎県の8倍以上である。このことから，工業がきわめてさかんであると判断できる。次に工業の型を検討する。埼玉県は工業の内訳の1位が加工組立型の輸送用機械工業である。他方，愛媛県は1位から4位までが基礎素材型工業であり，宮崎県は1位と4位が生活関連型工業である。これらの表から読み取れる内容を簡潔にまとめる。この種の問題では，統計資料をきちんと読み取ることが何よりも大切である。

解答　**（例）埼玉県は，他の2つの県に比べて工業がさかんで，加工組立型工業の割合が高い。**

1

資料は，青森県と**略地図**中の**あ**〜**う**の県について，耕地面積と，それに対する水田，普通畑，果樹園などの割合を示している。このうち，青森県と**略地図**中**い**の県について示しているものを，**資料**中の**ア**〜**エ**の中から1つずつ選び，記号で答えなさい。　　〈青森県〉

資料
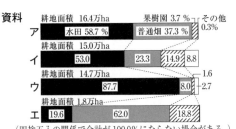

（四捨五入の関係で合計が100.0％にならない場合がある。）
〔「データでみる県勢2022年版」による〕

略地図

2

山形県は，伝統産業が発達しており，伝統工芸品の種類が多いことがわかった。なぜ山形県は伝統産業が発達したのか，その要因について，右の雨温図から考え，「**農作業**」という語を使って簡潔に書きなさい。　　〈宮崎県〉

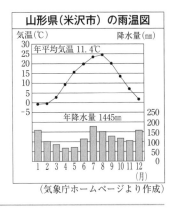

山形県（米沢市）の雨温図
気温（℃）　　　　降水量（㎜）
年平均気温 11.4℃
年降水量 1445㎜
（気象庁ホームページより作成）

3 差がつく!! 5%

次の資料は，山梨県の総農家数と総耕地面積の推移を表している。この資料をもとに，1985年から2020年までの間に，山梨県の農家1戸当たりの耕地面積がどう変化したかを，「農家1戸当たりの耕地面積」という語句を使い，そのように読み取った根拠にも触れて簡潔に書きなさい。　　〈山梨県〉

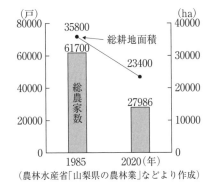

（農林水産省「山梨県の農林業」などより作成）

例 題　資料中の県のうち，■■■で示す愛媛県のように，県名と県庁所在地名が異なる県を，愛媛県の記入例にならって，すべて資料中にぬりつぶしなさい。

〈福岡県〉

正答率

43%

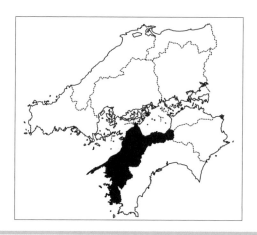

ミスの
傾向と対策

条件にあてはまる県名がわかっても，その位置がむずかしい。資料に描かれているのは中国地方と四国地方である。中国地方で条件にあてはまるのは，松江市が県庁所在地の島根県である。四国地方で条件にあてはまるのは，松山市が県庁所在地の愛媛県と，高松市が県庁所在地の香川県である。よって，島根県と香川県をぬりつぶせばよい。このとき，島根県と鳥取県，香川県と徳島県を間違えないように

する。

解 答　（下図）

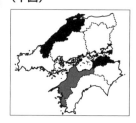

入試必出!　**要点まとめ**

■ グラフの作成

グラフを作成する問題は，その前に計算が必要なものがほとんどである。

$$割合 = \frac{項目の数量}{全体の数量}$$

$$人口密度 = \frac{人口}{面積}$$

$$自給率 = \frac{国内生産量}{国内消費量}$$

このとき，単位に注意する。

■ 作図のポイント

・「緯線（経線）を引く」や「○で囲む」といった設問は，作図そのものは簡単。

〈出題例〉
・イタリアを通っている緯線と同じものを日本地図上に引く（北緯40度線など）。
・世界の2都市間の最短航路を，正距方位図法の地図を参考に，メルカトル図法の世界地図に示す。
・統計表をもとに，都道府県を凡例にしたがってぬり分ける（都道府県の位置と名前を覚えておく必要がある）。

実力チェック問題

1 49% 地図1を参考にして，東京とX地点間の最短経路を地図2に書きなさい。　〈佐賀県〉

地図1　中心からの距離と方位が正しい地図

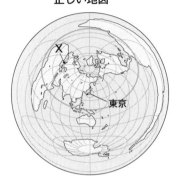

地図2　緯線と経線が直角に交わった地図

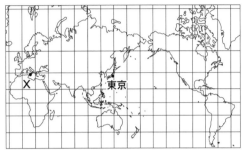

2 42% やませの影響などにより，通常より少なかった1980年の東北地方各県の水稲（水田で栽培する稲）の収穫量と当初予想された収穫量を示す平年収量を比べた次の**表**から，東北地方各県の平年収量に対する1980年の収穫量の割合を，次の**表記の方法**にしたがい，白地図に書き入れなさい。なお，白地図の———線の範囲内に書き入れること。　〈神奈川県〉

表　1980年の東北地方の水稲の収穫量（単位トン）

	1980年の収穫量	平年収量
青森県	195,600	419,200
秋田県	625,200	633,200
岩手県	237,000	398,000
福島県	354,300	481,700
宮城県	418,200	531,800
山形県	511,600	525,700

（農林水産省ウェブサイト「特定作物統計調査」をもとに作成）

表記の方法

90%以上
70%以上90%未満
50%以上70%未満
50%未満

3 33% みゆきさんは，北極点を中心に真上から地球を見た略地図をかこうと考え，右の図をつくった。図中に東経90度の経線を実線（——）でかき入れなさい。（定規を使ってもよい。）　〈山梨県〉

（・印は北極点，×印はロンドンの位置を示す。）

4 17% 右の地形図は，日本の東端にあたる島の一部を示している。地形図で示す地点①と地点②を結ぶ線———の断面図を右の図にかきなさい。　〈滋賀県〉

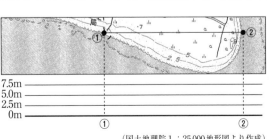

（国土地理院1：25,000地形図より作成）

資料読み取り（記号選択）

例題

正答率

26%

浜松市と松山市の工業について，**略地図**や**表**をもとに説明した文として，正しいものを次の**ア〜エ**の中から１つ選び，記号で答えなさい。　〈鹿児島県〉

ア 松山市を含む**略地図**の 地域は，阪神工業地帯である。

イ 浜松市は太平洋ベルトに含まれるが，松山市は含まれない。

ウ 機械工業における従業者300人以上の事業所の占める割合は，浜松市が松山市よりも高い。

エ 製造品出荷額に占める重化学工業の割合は，浜松市が松山市よりも高い。

略地図

浜松市

松山市

表

	浜 松 市				松 山 市		
工業の種類	事業所数	うち従業者300人以上の事業所数	浜松市の製造品出荷額に占める割合(%)	工業の種類	事業所数	うち従業者300人以上の事業所数	松山市の製造品出荷額に占める割合(%)
機械工業	825	30	69.3	化学工業	14	2	25.0
金属工業	261	0	6.4	機械工業	101	5	46.9
食料品工業	166	2	4.6	食料品工業	67	2	13.5
繊維工業	107	0	1.5	金属工業	50	0	3.4
化学工業	13	0	0.1	繊維工業	25	0	1.3
その他の工業	467	0	18.1	その他の工業	90	0	9.9
計	1839	32	100.0	計	347	9	100.0

重化学工業は，金属工業，機械工業，化学工業をあわせたものとする。

（2022年工業統計調査（経済産業省）から作成）

ミスの傾向と対策

資料の数値が多いため，その処理がむずかしい。また，選択肢には資料と関係のない知識事項もあるので，総合的な理解力が必要である。この種類の問題では，**ア〜エ**を１つずつ吟味するのが安全策である。**ア**について，松山市を含む略地図の地域は，阪神工業地帯ではなく瀬戸内工業地域である。**イ**について，どちらの都市も太平洋ベルトに含まれる。**ウ**について，機械工業における従業者300人以上の事業所の占める割合は，浜松市が30÷825より約4%，松山市が5÷101より約5.0%であり，松山市のほうが高い。**エ**について，重化学工業の割合は，浜松市が69.3＋6.4＋0.1より75.8%，松山市が25.0＋46.9＋3.4より75.3%であり，浜松市のほうが高い。以上より，**エ**が正解である。

解答　**エ**

 **入試必出！** **要点まとめ**

■複数のグラフの比較

・グラフ中の数値をきちんとおさえる。

・どの項目が増減したかを確認する。

・増加・減少が何倍か，何分の１かを計算する。

■国・都道府県の産業の特徴を読み取る

・最も数量が多い項目，割合が大きい項目に着目。

・国や都道府県の各種統計を比較して読み取る場合，数量なのか割合なのかの区別に注意する。

1 45%

図Ⅰは，1983（昭和58）年からの訪日外国人旅行者数の推移を表したものである。図Ⅱは，図Ⅰで表した訪日外国人旅行者数のうち，2003（平成15）年と2019年におけるアジアからの訪日外国人旅行者数とその国別の割合を示したものである。次のア〜エは，図Ⅰ，図Ⅱから読み取れる内容についてまとめたものである。正しいものを二つ選びなさい。〈大阪府・改〉

ア　2019年のアジア以外の地域からの訪日外国人旅行者数は，150万人を下回っている。

イ　2019年の訪日外国人旅行者数は，1983年の訪日外国人旅行者数の5倍を上回っている。

ウ　2019年の中国からの訪日外国人旅行者数は，2019年の訪日外国人旅行者数の60％以上を占めている。

エ　2019年の韓国からの訪日外国人旅行者数は，2003年の韓国からの訪日外国人旅行者数より増加している。

図Ⅰ　訪日外国人旅行者数の推移

（万人）
3,600
3,000
2,400
1,800
1,200
600
0
1983 88 93 98 2003 08 19（年）

図Ⅱ　アジアからの訪日外国人旅行者数の国別の割合

（2003年）
その他 9.6
タイ 2.3
フィリピン 3.9
総数 351万人
中国 42.6％
韓国 41.6

（2019年）
マレーシア 1.9
その他 9.8
タイ 4.9
総数 2682万人
中国 62.6％
韓国 20.8

（「総数」はおよその数値である）
（図Ⅰ，図Ⅱともに日本政府観光局（JNTO）の資料により作成）

---

2 28%

次の3つのグラフは，略地図のX県とY県について，2019年度の人口，面積，年齢別人口構成を比較したものである。グラフから読みとったことがらを述べた下の文の｜　｜a〜cのそれぞれにあてはまることばを，ア，イから1つずつ選び，記号で答えなさい。〈北海道〉

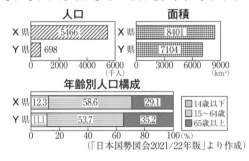

人口
X県　5166
Y県　698
0　2000　4000　6000（千人）

面積
X県　8401
Y県　7104
0　3000　6000　9000（km²）

年齢別人口構成
X県　12.3　58.6　29.1
Y県　11.1　53.7　35.2
0　20　40　60　80　100（%）
□14歳以下　□15〜64歳　■65歳以上
（「日本国勢図会2021/22年版」より作成）

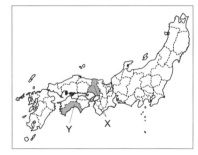

　グラフをもとに，X県とY県の人口密度を比較すると，X県はY県のおよそa｜ア 6.5倍　イ 7.5倍｜である。また，両県の全人口における65歳以上の人口割合を比較すると，b｜ア X県　イ Y県｜の方が高く，両県の65歳以上の人口を比較すると，c｜ア X県　イ Y県｜の方が多い。

---

3 差がつく!! 21%

友子さんは，鳥取県の農業産出額の変化について調べた。次の資料は，そのとき調べたものの一部である。資料から読み取れる内容として最も適切なものを，あとのア〜エの中から1つ選び，記号で答えなさい。〈山形県・改〉

　　　　　　　　　　　　　　　　畜産　果実　野菜
1964年
総額
265億円　米 46.0　20.8　9.8　7.2　その他 16.2

2019年
総額
761億円　19.8　37.3　9.1　28.0　5.8
0　20　40　60　80　100%
（農林水産省「都道府県別生産農業所得統計累年統計」などから作成）

ア　米の産出額が約2分の1に減った。
イ　畜産の産出額が4倍以上に増えた。
ウ　果実の産出額が約2倍に増えた。
エ　野菜の産出額が約3倍に増えた。

資料読み取り〔論述問題〕

例題

次の文は，アフリカ州にあるコートジボワールの輸出と国の収入の関係についてまとめたものである。文中の[＿＿＿＿]に当てはまる内容を，**資料Ⅰ**，Ⅱを関連付けて，「割合」，「価格」という語句を使って簡潔に書きなさい。

〈山梨県〉

正答率
↓
差がつく!!
8%

> コートジボワールでは，[＿＿＿＿＿＿＿]ため，国の収入が安定しない。

資料Ⅰ コートジボワールの輸出品目の割合（2018年）

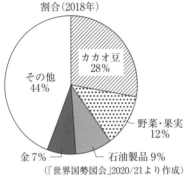

その他 44%
カカオ豆 28%
野菜・果実 12%
石油製品 9%
金 7%

（「世界国勢図会」2020/21より作成）

資料Ⅱ カカオ豆1トン当たりの国際価格の推移

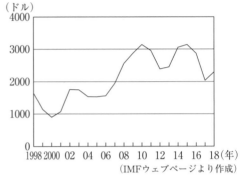

（ドル）

（IMFウェブページより作成）

ミスの傾向と対策

資料Ⅰから，コートジボワールの輸出品は農産物や鉱産資源が大きな割合を占めており，特にカカオ豆の割合が大きいことが読み取れる。このことから，コートジボワールの経済はカカオ豆の輸出に依存していることがわかる。このような特定の産物の輸出に依存した経済をモノカルチャー経済といい，アフリカや南アメリカの国に多く見られる傾向がある。いっぽう，**資料Ⅱ**を見ると，カカオ豆の国際価格は高騰・暴落の変動が大きく，きわめて不安定である。したがって，カカオ豆の輸出に依存したコートジボワールの国の経済も不安定になりやすい。こうした問題を解決するため，コートジボワールなどモノカルチャー経済の国は工業化を目ざしている。

解答 （例）輸出の割合が最も高いカカオ豆の価格が不安定である

入試必出! **要点まとめ**

■よく出題されるテーマ
- **農業の特色**←土地利用や生産高などから考える。
- **工場の立地条件**←工場の分布，交通条件などから考える。
- **貿易の特色**←輸出入品目から考える。
- **人口の変化**←増加率や年齢別人口から考える。

■読み取りに用いられることの多い資料
- **貿易関係**
  - ・輸出品目…農産物・鉱産資源から工業製品へ，などの変化。
  - ・相手国…国・地域の変化。
- **需給関係**
  - ・生産量…数量やその推移に注意。
  - ・消費量…消費量が生産量を上回る→輸入が増える。

1 50%
次の**グラフ**は，右の地図中の**A**国の1960年と2019年の輸出先の
上位国とその割合をあらわしている。**グラフ**を参考にして，**A**
国の輸出先の上位国とその割合の変化について，「アジア」とい
う語句を用いて，「かつて**A**国を植民地としていた」の書き出し
に続けて書きなさい。〈福島県〉

グラフ　A国の1960年と2019年の
輸出先の上位国とその割合

| 1960年 | イギリス 26.4% | 日本 14.4% | その他 44.7% |

アメリカ 8.1%　フランス 6.4%

| 2019年 | 中国 38.2% | 日本 14.7% | その他 38.0% |

韓国 6.3%　イギリス 2.8%

（世界国勢図会2021/21年版など
により作成）

2
右の**地図**を見て，次の問いに
答えなさい。〈秋田県〉

33%
〔1〕次の文は，**地図**と**グラフ**か
らわかったことをもとにま
とめたものである。文中の
□□□にはロンドンの気温
の特色が入る。秋田と年間
の気温を比較して，あては
まる内容を書きなさい。

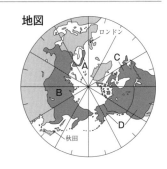

**グラフ　ロンドンと秋田の
月別平均気温**

（『理科年表　令和4年』から作成）

地図

> ロンドンは秋田より高緯度に位置しているが，秋田より□□□□のは，イギリスの
> 沖合を流れる暖流と偏西風の影響を受けるためである。

29%
〔2〕**表**は，**地図**の**A～D**国とわが国の原油など
に関する数値を表した資料であり，**a～d**
にはそれぞれの国の原油消費量の数値が
入る。項目**Ⅰ**と**Ⅱ**の関係から，**A**国の原油
輸出の特色を，項目**Ⅲ**に触れながら，**B～**
D国と比較して簡潔に書きなさい。

表　A～D国とわが国との比較

項目 国	Ⅰ 原油 産出量 （万t）	Ⅱ 原油 輸出量 （万t）	Ⅲ 原油 消費量 （万t）	Ⅳ 1人あたりの 原油消費量 （t）	Ⅴ 人口 （万人）
A	7372	6154	a	3.0	542
B	52332	25983	b	0.9	14593
C	18826	15734	c	2.6	3774
D	54210	10102	d	2.3	33100
日本	－	＊－	14262	1.2	12648

＊－は，まったくないことを表す。項目Ⅳは小数第2位
を四捨五入したものである。
（「世界国勢図会2021/22年版」などから作成）

3 差がつく!! 10%
健二君は，日本の鉄鋼生産や貿易のようすを調べて，次の**資料A**，**B**を作成した。**資料A**
の鉄鋼の生産量や貿易量の変化と，**資料B**の鉄鋼の輸出額の割合の変化を比べて，1980年
ごろから日本の工業にどのような変化が起こったと考えられるか，**資料B**をもとに，具体
的に述べなさい。〈宮城県〉

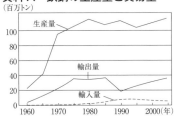

資料A　鉄鋼の生産量と貿易量

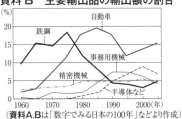

資料B　主要輸出品の輸出額の割合

（**資料A，B**は「数字でみる日本の100年」などより作成）

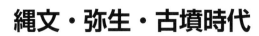

縄文・弥生・古墳時代

例題

「オリンピックの歴史」をテーマに年表を作成し，発表の準備をした。年表中**A**の期間の日本の様子について最も適切なものを，あとの**ア〜エ**の中から1つ選び，記号で答えなさい。　〈宮崎県〉

正答率

33%

古代オリンピック

紀元前776年	第1回大会がギリシャで開かれる
紀元前490年	マラソン競争の起源となる第二ペルシア戦争（マラトン戦争）が起こる
	↑ **A** ↓
紀元前148年	ギリシャ人以外も参加するようになる
393年	第293回大会で古代オリンピックが終わる

ア 人々は，打製石器をつけたやりなどを使って，ナウマンゾウなどをとらえ食べていた。

イ 大陸から渡来した人々によって九州北部に伝えられた稲作が，急速に東日本にまで広まった。

ウ 倭の奴国の王が，後漢に使いを送り，皇帝から金印を授けられた。

エ 卑弥呼が魏の都に使いを送り，魏の皇帝から親魏倭王という称号と金印を授けられた。

ミスの傾向と対策

問題文中に古代オリンピックやペルシア戦争といった語句があるが，これらについての知識は不要で，年表の年代に注目すればよい。**A**の期間はおよそ紀元前5〜2世紀であり，日本では，縄文時代末期から弥生時代初期にあたる。このころの日本の様子にあてはまるのは，稲作の伝来を述べた**イ**である。

アは縄文時代以前の旧石器時代における日本の様子である。**ウ・エ**は弥生時代のできごとであるが，**ウ**は1世紀半ば，**エ**は3世紀前半のできごとなので，**A**の期間には重ならない。

解答 **イ**

入試必出! **要点まとめ**

■旧石器時代
● 打製石器，大陸と地続き，大型動物の狩猟

■縄文時代
● 縄文土器，狩猟・採集，土偶，貝塚

■弥生時代
● 弥生土器，稲作・金属器の広まり，くにの発生

■古墳時代
● 大和政権の成立，前方後円墳，渡来人

1 48%
中学生のTさんの学校の近くに今から5千年ほど前の遺跡がある。この遺跡で見られるものを，次のア〜エの中から1つ選び，記号で答えなさい。　〈秋田県〉

ア　水田のあぜ道や水路のあと　　　　イ　住居の柱が立てられていた穴
ウ　方形と円形を組み合わせた形の古墳　エ　ごばんの目状に区切られた都市のあと

2 46%
紀元前3千年から紀元前2千年ごろ，ティグリス（チグリス）川，ユーフラテス川の流域で，都市がつくられていた。その場所として最も適当なものを右の図中のア〜エの中から1つ選び，記号で答えなさい。また，ここで栄えた古代文明は（　　）文明とよばれる。（　　）に入ることばをカタカナ6字で書きなさい。　〈千葉県〉

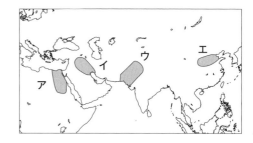

3 46%
資料1の女王が治めていた時期と，資料2の憲法が定められた時期との間におこったできごとを，次のア〜エの中から1つ選び，記号で答えなさい。　〈秋田県〉

ア　皇位をめぐり壬申の乱がおこった。
イ　遣唐使にともなわれて鑑真が来日した。
ウ　倭の奴国の王が漢から金印を与えられた。
エ　前方後円墳である大仙古墳がつくられた。

資料1

> 人々は，一人の女子を王とした。その名を卑弥呼といった。卑弥呼は神に仕え，夫はなく，弟が助けて国を治めている。……（略）
> 「魏志」の倭人伝より（部分要約）

資料2

> 一に曰く，和をもって貴しとなし，さからうことなきを宗とせよ。
> 二に曰く，あつく三宝を敬え。三宝とは仏・法・僧なり。
> 十七条の憲法（一部）

4 38%
古墳時代までのおもなできごとを，4つの文にまとめた。次のア〜エの文を年代の古い順に並べ，記号で答えなさい。　〈山梨県〉

ア　稲作が，大陸から渡来した人々によって，九州北部に伝えられた。
イ　大和政権（ヤマト王権）の王は，各地の豪族を従え，大王とよばれるようになった。
ウ　氷河時代が終わり，日本列島は大陸から分かれ，今とほぼ同じ地形になった。
エ　邪馬台国の女王卑弥呼が，中国の魏に使いを送った。

5 28%
5世紀ごろ，渡来人が大陸から日本に伝えたものとして，最も適当なものを，次のア〜エの中から1つ選び，記号で答えなさい。　〈新潟県〉

ア　稲作　　イ　磁器　　ウ　漢字　　エ　朱子学

例題

右の資料を見て，次の〔1〕，〔2〕の問に答えなさい。

〔1〕 **資料1**の都では国際色豊かな文化が栄えた。この文化を代表するものを，次の**ア〜エ**の中から1つ選び，記号で答えなさい。
〈滋賀県〉

正答率
↓
〔1〕
26%

ア 中尊寺金色堂　　**イ** 五弦の琵琶
ウ 唐獅子図屏風　　**エ** 古今和歌集

差がつく!!
〔2〕
15%

〔2〕 **資料2**の　**A**　にあてはまる副題を，**資料2**の建物に納められた〔1〕の伝来をふまえて，文化の特徴がわかるよう，書きなさい。
〈岡山県・改〉

資料1　古代の都

西大寺 卍　　大内裏　　　東大寺 正倉院
　　　　　　　　　　　外京　卍興福寺
　　卍唐招提寺
右京　卍薬師寺　　左京
　　　　　　　朱雀大路　　　—道路

資料2　花開く天平文化
～　**A**　～

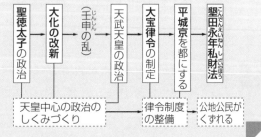

ミスの傾向と対策

奈良時代の天平文化はしばしば出題されるが，特色を簡潔に記述するのがむずかしく，正答率は低いことが多い。東大寺正倉院は知っていても，そこに保管されている工芸品について理解していなければ答えられない。

〔1〕　**資料1**は奈良の都なので，奈良時代に栄えた天平文化を代表するものを考える。正倉院の宝物があてはまる。**ア**は平安時代末の浄土信仰と関係の深い建物，**ウ**は桃山文化を代表する絵画，**エ**は平安時代の代表的な和歌集である。

〔2〕　**資料2**の建物は東大寺正倉院。天平文化の特色を見出し風にまとめる。「伝来」という語に注意。この語から海外とのつながりを思い浮かべる。

解答　〔1〕 イ
〔2〕（例）唐との交流が生んだ国際色豊かな文化

入試必出! 要点まとめ

■飛鳥時代の政治
● 聖徳太子（厩戸皇子）…十七条の憲法，冠位十二階，遣隋使
● 大化の改新…公地公民の原則

■飛鳥文化
● 新しい仏教文化…法隆寺

■奈良時代の政治
● 律令制度…大宝律令，国司の派遣，班田収授法
● 平城京…奈良の都，市で和同開珎を使用

■天平文化
● 聖武天皇のころの文化…唐の影響，正倉院

■律令国家のあゆみ

聖徳太子の政治 → 大化の改新 →（壬申の乱）→ 天武天皇の政治 → 大宝律令の制定 → 平城京を都にする → 墾田永年私財法

天皇中心の政治のしくみづくり　　律令制度の整備　　公地公民がくずれる

1 次の文を読んで，あとの問いに答えなさい。

　　日本では唐にならった律令がつくられた。政府は戸籍に登録された人々に口分田を与え
て，死ぬと国に返させる制度を定めた。

37% [1] 日本の律令制度に関することがらについて正しく述べた文はどれか。次の**ア〜エ**の中か
　　ら1つ選び，記号で答えなさい。　　　　　　　　　　　　　　　　　　　　　　〈千葉県〉

　　ア　調を都まで運搬する義務が定められていた。

　　イ　防人として，都の近辺の守りにつかなければならなかった。

　　ウ　戸籍は，毎年つくる定めになっていた。

　　エ　戸籍に登録された者には，年齢に関係なく口分田が与えられた。

40% [2] 下の資料は，743年に朝廷が出した法令の一部です。この法令により，土地の所有に関
　　して，どのような動きがみられたか，書きなさい。　　　　　　　　　　　　　　〈山形県〉

> 　　開墾した土地は，養老七(723)年の法令によって，期限がくると国家におさめな
> ければならない。そのため農民はなまけてしまい，いったん開墾された土地が荒れ
> てしまう。今からあとは，自由に私有の財産とし，三代に限ってということなく，
> みなことごとく国にかえさなくてもよい。　　　　　　　　　　（『続日本紀』から作成）

2 34% 次の文には誤っている語句が1つある。誤っている語句を下線部①から③までの中から選
び，正しい語句を書きなさい。　　　　　　　　　　　　　　　　　　　　　　　　〈滋賀県〉

　　①中大兄皇子は，西日本の各地に山城を築き，唐や②新羅からの攻撃に備え，大津宮で即
位し③天武天皇となり，初めて全国の戸籍を作った。

3 差がつく!! 7% 次の文は，聖徳太子が行ったことをまとめたものである。□□□にあてはまる内容を，下の
資料Yを用いて，30字以内で書きなさい。ただし，[例]の文を参考にして，「〜ために，〜
した。」という書き方で書くこと。なお，[例]の文は，**資料X**を用いて作成したものである。
　　　　　　　　　　　　　　　　　　　　　　　　　　　　　　　　　　　　〈山梨県・改〉

> わたしは，推古天皇の摂政として，□□□□□□

資料X

> 大徳・小徳→紫
> 大仁・小仁→青
> 大礼・小礼→赤
> 大信・小信→黄
> 大義・小義→白
> 大智・小智→黒
> （「日本書紀」などより作成）

資料Y　現存する世界最古の木造建造物

> [例] わたしは，推古天皇の摂政として，
>
> 　有能な豪族を役人に採用するために，冠位十二階の制度を定めた。

例題

正答率
↓

(1) 32%

(2) 48%

右の年表を見て，次の問いに答えなさい。

(1) 下線部 **a** のころに始まった摂関政治のしくみについて，「天皇」，「摂政」，「関白」の3つの語句を用いて簡潔に説明しなさい。〈新潟県〉

(2) **b** の間に，天皇が位をゆずって上皇となったのちも政治を行った時期がある。このような政治を何というか。その名称を書きなさい。

年代	できごと
5世紀ごろ	渡来人が大陸の文化を伝える。
894	a 遣唐使を廃止する。
939	藤原純友の乱が起こる。
	↑
	b
	↓
1274	元軍が襲来する。

〈埼玉県・改〉

ミスの傾向と対策

(1) 「摂関政治」という語句は知っていても，これを説明するのはむずかしいと思われる。しかし，使うべき3つの語句が指示されているので，これを手がかりにして記述する。藤原氏が摂政と関白の地位を独占したことを書くのだが，具体的には摂政・関白の説明になる。天皇が幼少のときは摂政，天皇が成人後は関白である。

(2) 藤原氏の摂関政治と鎌倉幕府の成立の間の時期で，見落としがちな部分である。後白河上皇や後

鳥羽上皇といった名称で，上皇はその後の歴史で登場するが，その上皇が行った政治の名称がむずかしいと考えられる。上皇の御所を「院」といい，そこで行った政治である。院政により上皇が政治の実権をにぎったことで，藤原氏による摂関政治はおとろえていった。

解答　(1)（例）藤原氏が，天皇の幼いころは摂政として，成人すると関白として，天皇に代わって政治を行うしくみ。　(2) 院政

入試必出! 要点まとめ

■ 藤原氏の政治

(年)	藤原氏	
866	40%	
1016	藤原道長，摂政就任	
1017	83%	
1019	藤原頼通，関白就任	
1067	67%	
1068	後三条天皇即位	
1070	61%	

▲公卿に占める藤原氏の割合

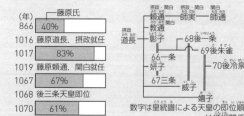

▲藤原氏の系図

数字は皇統譜による天皇の即位順
＝＝は婚姻関係

藤原氏は，むすめを天皇のきさきとし，その子を次の天皇に立てて，勢力を拡大していった。

■ 古代の仏教

6世紀	仏教が伝わる
↓	
聖徳太子のころ	仏教を保護，法隆寺を建てる
↓	
聖武天皇のころ	仏教の力で国の安全をはかる
	国分寺・国分尼寺・東大寺
↓	
平安時代はじめ	新しい宗派が伝わる
	天台宗・真言宗
↓	
平安時代後半	念仏を唱える浄土信仰が流行
	平等院鳳凰堂

1 (48%) 国風文化について，次の問いに答えなさい。

〔1〕国風文化について説明したものの組み合わせとして正しいものを，あとの**ア〜エ**の中から1つ選び，記号で答えなさい。 〈神奈川県・改〉

> A 「古事記」や「日本書紀」などの歴史書がつくられた。
> B 清少納言によって，随筆「枕草子」が書かれた。
> C 東大寺南大門の金剛力士像がつくられた。
> D 貴族の住居として，寝殿造の邸宅が建てられた。

ア AとC　　**イ** AとD　　**ウ** BとC　　**エ** BとD

〔2〕(40%) 紀貫之らが編集した「古今和歌集」と同じ時代に書かれたものを，次の**ア〜エ**の中から1つ選び，記号で答えなさい。 〈青森県・改〉

ア 風土記　　**イ** 源氏物語　　**ウ** 万葉集　　**エ** 方丈記

2 (29%) 次の文は，地方の政治を行っていた国司について述べたものである。次の**ア〜エ**の中から，藤原頼通が平等院鳳凰堂を建てたころのようすをあらわしたものとして，最も適当なものを1つ選び，記号で答えなさい。 〈福島県〉

ア 諸国には中央から国司が派遣され，政治を行うしくみが整った。
イ 国司の持っていた権限は守護大名によって吸収されていった。
ウ 任地に代理を送って収入だけを得る国司が多くなった。
エ 東大寺に大仏をつくるため，国司は必要な物資と農民を都に送った。

3 (27%) 平安時代のはじめごろの仏教に関するできごととしてあてはまるものを，次の**ア〜エ**の中から1つ選び，記号で答えなさい。 〈福島県〉

ア 聖徳太子が法隆寺を建てるなど，仏教をもとにした文化が栄えた。
イ 浄土真宗の信仰により結びついた農民などが一向一揆を起こした。
ウ 念仏を唱えて死後に極楽浄土に生まれ変わることを願う浄土信仰が広まった。
エ 中国から帰国した僧によって，高野山に金剛峯寺が建てられた。

4 差がつく!! (13%) Aさんは平清盛に関する**系図**をみつけた。この**系図**をみると，平清盛は，力をふるったとき，摂関政治を行っていたころの藤原氏とよく似たことを行ったことがわかる。それはどのようなことか，書きなさい。 〈埼玉県〉

系図

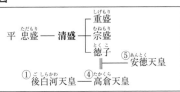

平 忠盛 —— 清盛 ┬ 重盛
　　　　　　　　├ 宗盛
　　　　　　　　├ 徳子 ═╗
　　　　　　　　　　　　 ⑤安徳天皇
①後白河天皇 —— ④高倉天皇

（数字は即位順。後白河天皇と高倉天皇の間に即位した天皇は，この系図では省略しています。）

41

例題

正答率
↓

(1)
39%

(2)
39%

右の地図を見て，次の問いに答えなさい。

(1) 地図の――線は，1274年にわが国を襲撃した軍勢がたどったおおよその進路である。この襲来の影響などによりみられた，当時の社会状況や幕府のとった政策として正しいものを，次のア～エの中から1つ選び，記号で答えなさい。　〈長崎県〉

ア　経済的に困窮する御家人のため，徳政令が出された。

イ　平将門が武士を率いて，地方で反乱をおこした。

ウ　九州北部を防衛するため，防人がおかれた。

エ　ききんが重なり，百姓一揆や打ちこわしがおこった。

(2) 次の文中の[　　]にあてはまる人の名を書きなさい。

国号を元とし，のちに宋をほろぼしたことで知られる皇帝[　　]は，日本に使者を送り服属を求めたが，幕府の執権北条時宗にこばまれたため，元軍を博多湾沿岸に上陸させた。元軍は，火器などを用いた攻撃により幕府軍をなやませたが，引きあげていった。その後，元軍はふたたび攻めてきたが，暴風雨による損害を受けて，退いた。　〈北海道〉

ミスの
傾向と対策

(1) 元寇というできごとは知っていても，その後の幕府の衰退や影響を理解することはむずかしいと考えられる。これに関しては，「御家人」がキーワードになる。元寇の際の恩賞について，御家人たちが幕府に不満を持ったことや，分割相続の繰り返しで，御家人の生活が苦しくなったことをおさえる。幕府が徳政令を出したのは，生活の苦しくなった御家人を救うためである。

(2) チンギス・ハンとその子孫によって建てられたモンゴル帝国の5代目皇帝がフビライで，都を大都に移し，国号を元と定めて中国を支配した。元寇に関しては，攻撃した側の皇帝フビライ，防衛した側の執権北条時宗をセットで覚えておく。

解答　(1) ア　(2) フビライ（フビライ・ハン）

入試必出！要点まとめ

■御恩と奉公
源頼朝が鎌倉幕府を開き，将軍と御家人は御恩と奉公の主従関係で結ばれた。

御恩
　　　先祖伝来の領地の保護など
将軍　←――――――――――→　御家人
　　　将軍のために命がけで戦う
奉公

■鎌倉文化
● 新しい仏教　浄土宗，浄土真宗，時宗…念仏宗，日蓮宗，禅宗（臨済宗，曹洞宗）

● 優美な貴族の文化と力強い武士の文化
　貴族の文化　「新古今和歌集」，「方丈記」
　武士の文化　建築…東大寺南大門
　　　　　　　彫刻…金剛力士像
　　　　　　　軍記物…「平家物語」

1 43%

次の文の時代に起こった世界のできごとを述べた文**X**～**Z**として，その正誤の組み合わせが正しいものを，あとの**ア**～**エ**の中から一つ選び，その記号を書きなさい。　〈埼玉県〉

> 元の皇帝は，日本を従えようと，使者を送ってきたが，執権の北条時宗がこれを無視したため，元は高麗の軍勢も合わせて攻めてきた。

X 地中海を中心に広大な地域を支配したローマ帝国が東西に分裂した。
Y フビライに仕えたイタリア人のマルコ・ポーロが『世界の記述』(『東方見聞録』)の中で，「黄金の国ジパング」を紹介した。
Z ローマ教皇が免罪符を売り出すと，これを批判してルターやカルバンが宗教改革を始めた。

ア X 正　Y 正　Z 誤
イ X 正　Y 誤　Z 誤
ウ X 誤　Y 正　Z 誤
エ X 誤　Y 正　Z 正

2

源頼朝によって武家政権である鎌倉幕府が開かれた。次の問いに答えなさい。

42% (1) この時期の前後におこった次の**ア**～**エ**のできごとを古い順にならべたとき，3番目になるものを1つ選び，記号で答えなさい。　〈神奈川県〉

ア 御成敗式目(貞永式目)が制定された。
イ 承久の乱がおこった。
ウ 壇ノ浦で，平氏が滅亡した。
エ 源頼朝が征夷大将軍となった。

27% (2) 鎌倉幕府の将軍と御家人は，御恩と奉公にもとづく主従関係によって結ばれていた。御恩と奉公とは何か。それぞれ説明しなさい。　〈福島県〉

3   25%

中世には，宋や元との貿易船が活発に行き来した。その影響として正しいものを，次の**ア**～**エ**の中から1つ選び，記号で答えなさい。　〈宮城県・改〉

ア 鑑真により，日本に新たな仏教の教えが伝えられた。
イ ザビエルにより，日本にキリスト教が伝えられた。
ウ 栄西により，日本に禅宗が伝えられた。
エ 最澄により，日本に天台宗が伝えられた。

歴史

南北朝・室町時代

例題

正答率

(1)
35%

(2)
30%

右の年表を見て，次の問いに答えなさい。

(1) 次の**ア～ウ**は，**X**の期間中におきたできごとである。これらのできごとを，年代の古い順に並べ，記号で答えなさい。〈岐阜県〉

ア 室町幕府が開かれる
イ 建武の新政が始まる
ウ 南北朝の動乱が終わる

時代区分	おもなできごと
中世	元の大軍が二度にわたって襲来する ↕ X a 足利義満が勘合貿易を開始する

(2) 下線部**a**について，次の文中の＿＿＿＿にあてはまる用語を書きなさい。〈新潟県〉

1378年，京都の室町に幕府を移した。大陸沿岸で海賊をはたらく，武装した集団である＿＿＿＿を取りしまり，明との貿易を始めた。

ミスの
傾向と対策

(1) 比較的短い期間内のできごとを年代順に並べることはむずかしい。特に**ア**と**イ**のどちらが先かは判断に迷うと考えられる。鎌倉時代の次は室町時代だから，**ア**が最初と思いがちだが，1333年に鎌倉幕府がほろんだのち，間もなく後醍醐天皇の建武の新政が始まった。これが公家中心の政治であったため，武士たちの不満が高まり，1336年の南北朝の分立を経て，1338年に足利尊氏が京都に幕府を開いた。分立し対立した南北朝が統一され，動乱が終わったのは1392年である。

(2) 「倭寇」という言葉がむずかしいかもしれない。室町時代はじめの勘合貿易に関連して出題されるので，覚えておくしかない。「倭」は中国の歴史書で，古代の日本を指した言葉であった。「寇」は元寇の「寇」と同じで，侵攻するという意味である。

解答 〔1〕イ→ア→ウ 〔2〕倭寇

入試必出！ 要点まとめ

■ 15世紀はじめの対外関係

■ 室町時代の商工業と都市の発達

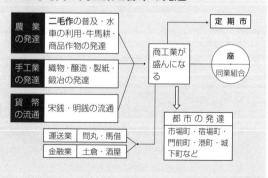

1 47%

右の年表を見て，次の問いに答えなさい。

(1) **X**の期間中の経済の様子を述べたものはどれか。次の**ア**〜**エ**の中から1つ選び，記号で答えなさい。　〈広島県〉

　ア　墾田永年私財法が出され，土地の開墾が進んだ。

　イ　諸藩の蔵屋敷が大阪におかれ，米や特産品が集まった。

　ウ　明の銅銭が輸入され，使われはじめた。

　エ　地租改正が行われ，税を現金でおさめるようになった。

世紀	日本の主なできごと
13	元軍が二度にわたって襲来する
14	
15	↕ **X**
16	太閤検地が行われる

26%

(2) 次の**メモ**は，**X**の期間を調べてまとめたものである。　**Y**　には，調べてわかった「農村の様子」を端的にまとめた内容が入る。　**Y**　にあてはまる内容を書き，文を完成させなさい。　〈秋田県・改〉

メモ

○農村では，農民たちが年長者などを中心に団結し，惣という組織を結成して　**Y**　。

「農村の様子」

・用水路の管理をみんなで行っていた。　　　・飼料をとる野山を共同管理していた。

・話し合いで村のきまりを定めていた。　　　・罪を犯した者を独自に処罰していた。

2 差がつく!! 20%

次の文中の下線部のできごとがおこったのは，右の地図中の**a**〜**e**のどの場所にあたるか，正しいものを1つ選び，記号で答えなさい。
〈長野県・改〉

日明貿易や南蛮貿易で栄えたこの港町は，裕福な商工業者によって自治的におさめられた。千利休はこの町の商人だった。

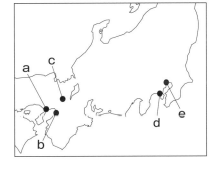

3 差がつく!! 6%

室町時代には，豊かな商工業者を中心に町の自治が行われ，京都では，これらの人々が右の資料に描かれている祇園祭を復興した。これらの商工業者を何とよぶか。書きなさい。
〈滋賀県〉

洛中洛外図屏風

 例題

右のカードを見て,次の問いに答えなさい。

〈山形県〉

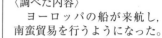

南蛮屏風

〈調べた内容〉
　ヨーロッパの船が来航し,南蛮貿易を行うようになった。

正答率

(1) **35%**

差がつく!!

(2) **16%**

[1] 南蛮貿易について述べた文として最も適切なものを,次の**ア〜エ**の中から1つ選び,記号で答えなさい。

ア 南蛮貿易は,イギリス人やオランダ人を相手に行われた。

イ 南蛮貿易の船に乗って,キリスト教の宣教師が,布教のために日本へ来航した。

ウ 南蛮貿易では,長崎の出島のみが貿易の窓口であった。

エ 南蛮貿易を通して日本にヨーロッパの学問や技術が伝わり,蘭学がおこった。

[2] 南蛮貿易を保護した織田信長は,商工業の発展のために,楽市・楽座を実施し,道路を整備した。そのほかに,織田信長が商工業の発展のために実施したことを,1つ書きなさい。

ミスの傾向と対策

(1) まぎらわしい選択肢ばかりなので,間違えやすいと考えられる。日本に来航した最初のヨーロッパ人はポルトガル人であり,南蛮貿易の相手となったのがポルトガル人・スペイン人であったことを前提にしよう。当然,**ア**は誤り。ポルトガル・スペインは旧教国であり,イエズス会の海外布教を支援していた。したがって,**イ**は正しい。**ウ**は江戸時代の鎖国体制と混同しやすいが,南蛮貿易では長崎とともに平戸なども窓口であった。また,出島がつ

くられたのは江戸時代。よって,**ウ**は誤り。**エ**の文は途中までは正しい。しかし,蘭学がおこったのは江戸時代である。よって,**エ**は誤り。

(2) 織田信長の経済政策では,楽市・楽座は有名であるが,それ以外は見落としがちなので,正答率が低いと考えられる。この問題では,「道路を整備した」に着目する。道路を整備しても,あちこちに関所が存在したら,ものや人の流れは滞ってしまう。

解答 **(1)** イ **(2)** (例) 関所を廃止した。

 入試必出! **要点まとめ**

■ 勘合貿易と南蛮貿易

	勘合貿易	南蛮貿易
相手国	明	ポルトガル・スペイン
貿易港	博多・堺など	平戸・長崎など
輸出	刀・銅	銀
輸入	銅銭・生糸	生糸・鉄砲・毛織物

■ 豊臣秀吉の政策

太閤検地
全国の田畑を調査する

刀狩
農民から武器を取り上げる

↓ → 兵農分離 ←

武士が農民を支配
⇓
近世社会の土台が固まる

1 26%
略地図1に⬚で示した国の人から，16世紀中ごろ日本に伝えられた新しい武器は，各地の戦国大名に注目され，国内でもつくられるようになった。**略地図2のあ**は，この武器がさかんに生産された都市の位置を示している。この都市名を書きなさい。　　　　　〈滋賀県〉

略地図1

略地図2

2 差がつく!! 20%
16世紀末，豊臣秀吉は中国の征服をめざして朝鮮半島に兵を派遣した。豊臣秀吉が征服をめざした中国の王朝名を何というか，書きなさい。　　　　　〈長崎県・改〉

3 差がつく!! 13%
直樹さんは，豊臣秀吉が宣教師の国外追放を命じた後も，日本でキリスト教信者が増えていったことを知り，その理由について，次のようにまとめました。**資料1，2**をもとに，□に適切な内容を，「一体」という語を使って書きなさい。　　　　　〈宮崎県〉

資料1 バテレン追放令（1587年）（一部）
一　宣教師の日本滞在を禁止するので，今日から20日間以内に帰国しなさい。
一　ポルトガル船・スペイン船が貿易に来るのは特別あつかいとする。今後も自由に貿易をしなさい。

（「松浦文書」より作成）

資料2 海外との貿易について
　ポルトガルやスペインの商人がもたらした輸入品には，中国の品物のほか，地球儀などヨーロッパの品物もあった。イエズス会の宣教師も，貿易船に乗り，次々と日本にやってきた。

直樹さんのまとめ（一部）
　資料1，2から，豊臣秀吉は宣教師の国外追放を命じたものの，ポルトガルやスペインと行われた南蛮貿易とよばれる貿易は許可しており，当時の海外との貿易は□ため，宣教師の追放を徹底できず，日本でキリスト教信者が増えていったと考えられる。

例題

次の写真は，江戸時代の参勤交代のときの大名行列の様子であり，**グラフ**は松江藩（島根県）の歳出の内訳である。参勤交代によって藩の財政にはどのような影響がみられたか。**グラフ**を参考にして簡潔に書きなさい。　〈長崎県〉

正答率

↓

差がつく!!

8%

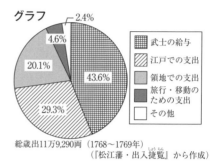

グラフ

- 武士の給与　43.6%
- 江戸での支出　29.3%
- 領地での支出　20.1%
- 旅行・移動のための支出　4.6%
- その他　2.4%

総歳出11万9,290両（1768〜1769年）
（『松江藩・出入捷覧』から作成）

ミスの傾向と対策

単に参勤交代の内容や目的を述べるのではなく，**グラフ**にもとづいて影響を書く点がむずかしいと考えられる。まず第一に**グラフ**を読み取る。江戸での支出が3割近くを占めており，領地での支出より多い。江戸は物価が高いので，生活費その他で費用がかさんだ。また，写真との関係からいえば，旅行・移動のための支出もある。参勤交代は原則として1年おきなので，この費用も藩の財政を圧迫した。幕府が参勤交代を制度化したのは，大名に将軍に対する忠誠心を示させるとともに，以上のような経済的負担をかけさせるためでもあった。

解答　**（例）江戸での支出や旅行・移動のための支出が藩の財政に大きな負担をかけた。**

入試必出!　**要点まとめ**

■ 鎖国下の外交

蝦夷地…アイヌの人々が松前藩の支配に抵抗

清

朝鮮…朝鮮通信使が来日

釜山

対馬藩…朝鮮との国交・貿易を担当

長崎…オランダ船，中国船が来航

江戸

琉球…薩摩藩により支配される。中国とも交易

■ 幕府政治の動き

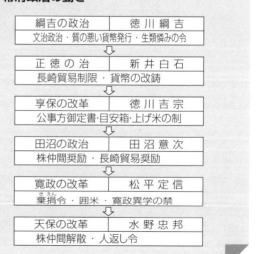

綱吉の政治	徳 川 綱 吉
文治政治・質の悪い貨幣発行・生類憐みの令	

↓

正 徳 の 治	新 井 白 石
長崎貿易制限・貨幣の改鋳	

↓

享保の改革	徳 川 吉 宗
公事方御定書・目安箱・上げ米の制	

↓

田沼の政治	田 沼 意 次
株仲間奨励・長崎貿易奨励	

↓

寛政の改革	松 平 定 信
棄捐令・囲米・寛政異学の禁	

↓

天保の改革	水 野 忠 邦
株仲間解散・人返し令	

1

次の資料は，生徒が時代の大きなまとまりごとに学習したことを，まとめたものの一部である。これを見て，あとの問いに答えなさい。　　　　　　　　　　　〈秋田県〉

> 近世の対外関係の変化
> ○外交の変化（年代順）
> ・朱印船貿易の推進
> ・スペイン船の来航禁止
> ・日本人の海外渡航と帰国の禁止
> ・ポルトガル船の来航禁止
> ・_a平戸のオランダ商館を長崎の出島に移転

絵1　ザビエル

絵2　島原・天草一揆

47% (1) 資料のように，わが国の外交が変化したのは，江戸幕府にいくつかねらいがあったからである。そのねらいの一つを**絵1**の人物と**絵2**の一揆に着目して，次にしたがって簡潔に書きなさい。

> （　　　　　　）を徹底するため。

27% (2) 下線部**a**により，江戸幕府の外交体制が確立した。この外交体制は何世紀から何世紀まで続いたか，書きなさい。

---

2 **43%**

生類憐みの令を出した人物が行った政策について，正しく述べているものを次の**ア～エ**の中から1つ選び，記号で答えなさい。　　　　　　　　　　　　　　　　　〈栃木県〉

ア　裁判の基準となる公事方御定書を制定するとともに，庶民の意見を聞く目安箱を設置した。
イ　参勤交代の制度を定め，1年おきに領地と江戸を大名に往復させることとした。
ウ　倹約令を出すとともに，旗本や御家人の生活難を救うため，借金を帳消しにした。
エ　朱子学を重視し，武力にかわり学問や礼節を重んじる政治への転換をはかった。

---

3 **37%**

江戸時代前期のころの，社会のようすについて，最もよく当てはまる文を，次の**ア～エ**の中から1つ選び，記号で答えなさい。　　　　　　　　　　　　　　　　　　　〈宮崎県〉

ア　都市が大きく発展し，菱垣廻船や樽廻船などの定期船が往復するようになり，木綿・酒・菜種油・しょう油などの日用品が送られるようになった。
イ　天保のききんが全国をおそうなど社会が不安定となり，百姓一揆や打ちこわしもひんぱんに起こった。
ウ　鉄製の農具が広まり，稲の収穫が増えたが，自然の災害で田が荒れることが多く，人口も増加したために口分田が不足してきた。
エ　市が広く各地に生まれ，交通の要地では馬借や問が活動するなど商業経済の発達により，各地の港湾や寺社の門前に都市が成長していった。

---

4 **28%**

江戸時代の道頓堀は芝居小屋が立ち並び，歌舞伎や人形浄瑠璃を楽しむ人々でにぎわった。17世紀末から18世紀初めにかけて，主に大阪や京都などの上方において，都市の繁栄を背景に栄えた町人中心の文化は何と呼ばれているか。書きなさい。　　　　　　　　〈大阪府〉

例題

日米修好通商条約について，次の問いに答えなさい。　　　　　　　〈青森県〉

〔1〕この条約によって開港された港は，函館・神奈川（横浜）・長崎・兵庫（神戸）と，あと１つはどこか。次の**ア〜エ**の中から１つ選び，記号で答えなさい。

　　ア 下田　　**イ** 名古屋　　**ウ** 新潟　　**エ** 鹿児島

〔2〕この条約を結んだ後，幕府が開国に反対した大名や公家を処罰したため，急速に高まった運動を何というか，書きなさい。

〔3〕次の**資料１〜３**を参考にして，18世紀から19世紀にかけておこったイギリスの産業の動きと，イギリスと日本との貿易の関係について，書きなさい。

正答率

↓

(1) 36%

(2) 39%

差がつく!!

(3) 21%

資料１　横浜港の輸入額と輸入額に占める船舶の国籍別の割合

1291万ドル（1865年）　　　　9.9%　　6.2%

イギリス 82.8%　｜オランダ｜フランス

アメリカ 0.8% ┘ └ その他 0.3%

（「横浜市史」による）

資料２　日本の輸入総額と輸入品の割合

1408万ドル（1865年）　　　　　　　　8.0%

毛織物 47.6%　｜綿織物（綿糸をふくむ）36.8%｜武器｜その他

7.6%

（「日本経済史３」による）

資料３　ワットの蒸気機関

ミスの傾向と対策

〔1〕日米和親条約の場合は２港なので覚えやすいが，日米修好通商条約の場合は５港なのでややむずかしい。また，選択肢に下田が入っていることもミスしやすい要因と考えられる。すでに和親条約で開かれていた函館や，神奈川・長崎・兵庫などと比べて，新潟は落としやすい。

〔2〕幕府に対する反発から，天皇を尊ぶ「尊王」が広まり，開国に反対する立場から，外国勢力を排撃する「攘夷」が高まった。

〔3〕イギリスでおこった産業革命と，幕末の貿易を結びつけるのはむずかしい。**資料１**から，イギリスが最大の貿易相手国であったこと，**資料２**から，輸入品の大部分が工業製品であったことが読み取れる。**資料３**の蒸気機関が実用化されたため，イギリスでは産業革命がおこり，織物などの工業製品が工場で大量に生産されるようになった。

解答　〔1〕ウ　〔2〕尊王攘夷運動　〔3〕（例）イギリスでは，蒸気機関の実用化などにより産業革命が進み，綿織物や毛織物などを大量に生産，輸出するようになった。このため，日本の貿易でもイギリスからの輸入が大きな割合を占めた。

入試必出!　要点まとめ

■日米和親条約と日米修好通商条約

日米和親条約	下田・函館の２港を開く。
日米修好通商条約	函館・神奈川（横浜）・新潟・兵庫（神戸）・長崎の５港を開く。不平等条約であった。

■幕末の動向

ペリーの来航→**日米和親条約の締結**→日米修好通商条約の締結→安政の大獄→桜田門外の変

⇩　**尊王攘夷運動**

薩英戦争→四国連合艦隊が下関砲台を占領→薩長同盟の成立→**大政奉還**→王政復古の大号令

実力チェック問題

解答・解説 別冊 P. 11

---

1 43%

右の地図中の**ア〜エ**は，江戸時代の藩の城下町の位置を示したものである。下の文章は，江戸時代のある藩について述べたものである。下の文章で述べている藩の城下町にあてはまるのは，地図中の**ア〜エ**のうちではどれか。記号で答えなさい。

〈東京都〉

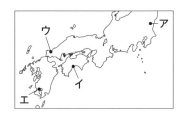

> この藩は，江戸時代の末期，開国に反対していたが，砲台がイギリスなどの4か国に占領された事件をきっかけに，欧米諸国の軍事力の強さを知った。攘夷（じょうい）が不可能であると考えた高杉晋作（たかすぎしんさく）や木戸孝允（きどたかよし）らがこの藩の実権を握ると，倒幕の中心的な役割を果たした。明治維新後は，木戸孝允をはじめ伊藤博文（いとうひろぶみ）など，この藩の出身者が政府で重要な職に就いた。

---

2 30%

ペリーの来航を受けて，条約を最初に結んだのはアメリカであるが，**資料1**に見られるように，アメリカとの貿易が少ないのはなぜか。その理由について，**資料2**の年表をもとに考えて，書きなさい。

〈宮崎県・改〉

資料1　日本の国別貿易額比率

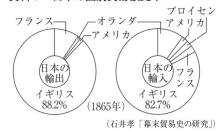

（石井孝「幕末貿易史の研究」）

資料2　世界のおもなできごと

年	できごと
1775	アメリカ独立戦争（〜83）
1789	フランス革命
1857	インドの大反乱（〜59）
1861	アメリカ南北戦争（〜65）
1871	ドイツの統一

---

3 24% 差がつく!!

異国（外国）船打払令が出された後におきたできごとを，次の**ア〜オ**の中から3つ選び，年代の古い順に並べなさい。

〈北海道〉

ア　津田梅子を含む5人の女子が，留学生として海外にわたった。
イ　島原や天草の人々が，天草四郎（益田時貞）を大将にして一揆をおこした。
ウ　もと大阪町奉行所の役人大塩平八郎が，貧しい人たちを救おうとして，乱をおこした。
エ　イエズス会の宣教師フランシスコ・ザビエルが，鹿児島に上陸した。
オ　アメリカの東インド艦隊司令長官ペリーが，浦賀に来航した。

---

4 20% 差がつく!!

大黒屋光太夫（だいこくやこうだゆう）らが，漂着した外国から帰国した。大黒屋光太夫らが漂着した国の使節は，根室に来航し，通商を求めた。その使節を日本に派遣した国はどこか，その国名を書きなさい。

〈山形県〉

51

明治時代〔1〕

例題

明治時代について，次の問いに答えなさい。　　　　　　　　〈千葉県〉

[1] 次の文章は，1872年から1873年にかけて明治政府が行った改革について述べたものである。文章中の□□□に共通してあてはまる最も適当な語を漢字2字で書きなさい。

正答率

(1)
50%

(2)
33%

> 明治政府は，□□□を定めたほか，徴兵令を出し，地租改正を行うなど，富国強兵策を展開した。□□□にもとづいて，その後多くの小学校が設立された。

[2] 次のア～ウの文は明治時代におこったできごとである。それぞれのできごとを年代の古いものから順に並べ，記号で答えなさい。

　ア　大日本帝国憲法が発布された。

　イ　日本政府はイギリスと交渉を行い，領事裁判権（治外法権）の撤廃に成功した。

　ウ　借金に苦しむ農民たちが，高利貸などを襲うという，秩父事件が起きた。

ミスの
傾向と対策

[1]　正答率50%の問題なので，それほど難解ではない。確実に得点するチャンスでもある。明治初期の諸政策は，教育－学制，軍事－徴兵令，財政－地租改正とセットでまとめておこう。

[2]　ア～ウの年代をピンポイントで覚えていれば簡単だが，そうでないと難解な問題になる。明治時代の大きな流れを，明治維新→自由民権運動→大日本帝国憲法→日清戦争→日露戦争→韓国併合とおさえておこう。これを基軸に考えると楽である。ウは自由民権運動の中のできごとだから，アよりも前。イは日清戦争の直前に実現したから，アより後。

解答　〔1〕学制　〔2〕ウ→ア→イ

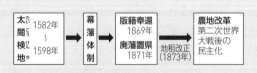

入試必出！　**要点まとめ**

■ 土地制度（税制度）の流れ

```
太閤検地  →  幕藩  →  版籍奉還  →  農地改革
1582年       体制     1869年       第二次世界
 ～                   廃藩置県     大戦後の
1598年                1871年       民主化
                      地租改正
                      (1873年)
```

● 地租改正のポイント

課税基準…収穫高→地価
納税義務者…土地所有者（農民）
農民の負担…江戸時代と変わらず重い
政府…決まった地租を徴収→財政が確立

■ 大日本帝国憲法下の国のしくみ

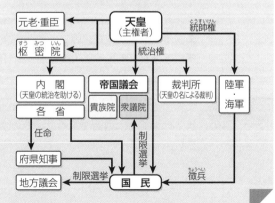

1 44%
民撰議院設立建白書を提出した板垣退助について述べた次の文の**a**，**b**にあてはまることばの組み合わせとして正しいものを，あとの**ア〜エ**の中から１つ選び，記号で答えなさい。 〈北海道〉

> 板垣退助は，民撰議院設立建白書を政府に提出したのち，高知で　**a**　を設立し，自由民権運動を進めた。その後，1881年に　**b**　を結成し，国会の開設に備えた。

ア　a −立憲政友会，b −自由党
イ　a −立志社，b −自由党
ウ　a −立憲政友会，b −立憲改進党
エ　a −立志社，b −立憲改進党

2 37%
次の資料は，1889年に発布されたものの一部である。この翌年のわが国のできごとをあとの**ア〜エ**の中から１つ選び，記号で答えなさい。 〈長崎県〉

> 第一条　大日本帝国ハ万世一系ノ天皇之ヲ統治ス
> 第四条　天皇ハ国ノ元首ニシテ統治権ヲ総攬シ此ノ憲法ノ条規ニ依リ之ヲ行フ
> 第十一条　天皇ハ陸海軍ヲ統帥ス

ア　原敬を首相とする本格的政党内閣が成立した。
イ　25歳以上のすべての男子に選挙権が認められた。
ウ　20歳に達した男子に兵役の義務を課す初の徴兵令が出された。
エ　衆議院議員選挙が行われ，初の帝国議会が開かれた。

3 28%
地租改正によって税のかけ方と税の納め方はどのように変わったか。次の文中の　　　に当てはまることがらを，「基準にして」，「土地の所有者」という二つの言葉を用いて，簡潔に書きなさい。 〈岐阜県〉

> 政府は，国家の財政を安定させるために，1873年から地租改正を実施した。これまで収穫高を基準にして税をかけ，主に農民が米で税を納めていたが，この改革により，地券を発行し，　　　こととした。

4 27%
右の写真についてまとめた次の文章中の　　　にあてはまる語句を漢字２字で書きなさい。 〈山梨県〉

> これは，1871（明治４）年，欧米諸国に派遣された使節団の中心になった人々の写真である。右から２人目の人物は，のちに再度ヨーロッパに派遣され，プロイセン（ドイツ）の政治や憲法などを学び，帰国後の1885年，　　　制度を創設した。

例題

正答率

(1)
39%

(2)
44%

右の年表を見て，次の問いに答えなさい。

(1) 下線部 **a** に関して，次の文は，Kさんがこの条約について説明したものである。文中の **A**，**B** にあてはまるものの組み合わせとして最も適するものを，あとの**ア〜エ**の中から1つ選び，記号で答えなさい。〈神奈川県〉

年代	できごと
1858	a 日米修好通商条約締結
1894	b 日清戦争が始まる
	↕ X
1904	日露戦争が始まる
	↕ Y
1914	第一次世界大戦が始まる

日本は，この条約が不平等な条約であったため，岩倉具視を代表とする使節団をアメリカやヨーロッパに派遣するなど，くり返しさまざまな条約改正の交渉を行った。その結果，年表中の **A** の時期に **B** によって，最終的な条約改正が実現した。

ア A：X　　B：治外法権（領事裁判権）が撤廃されたこと
イ A：X　　B：関税自主権を回復したこと
ウ A：Y　　B：治外法権（領事裁判権）が撤廃されたこと
エ A：Y　　B：関税自主権を回復したこと

(2) 下線部 **b** の講和条約が結ばれた場所を，右の地図の**ア〜カ**から1つ選び，記号で答えなさい。〈秋田県・改〉

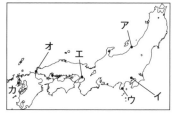

ミスの
傾向と対策

(1) 条約改正は二段階で達成されたので，それぞれの内容と時期を組み合わせた問題はむずかしいと考えられる。大前提として，治外法権（領事裁判権）の撤廃のほうが先で，さらに関税自主権の回復によって完了したことを理解する。また，戦争との関係では，領事裁判権の撤廃は日清戦争直前，関税自主権の回復は日露戦争後である。

(2) 下関条約という名称は覚えていても，下関の位置がわからない場合が多いと考えられる。幕末から明治時代にかけて，下関は何度か登場するので，地図で確認しておく。

解答 (1) エ　(2) オ

🌳🌳🌳 入試必出！ **要点まとめ**

■ 日清戦争と日露戦争

日清戦争	1894〜95年	下関条約	清は朝鮮の独立を認める。 台湾・遼東半島，多額の賠償金を得る→八幡製鉄所設立
日露戦争	1904〜05年	ポーツマス条約	ロシアは韓国における日本の優越的地位を認める。 樺太の南半分を得たが，賠償金はなし→日比谷焼き打ち事件

1 35%　近代のわが国の産業に関する説明として適当でないものを，次の**ア〜エ**の中から1つ選び，記号で答えなさい。〈岡山県・改〉

ア　明治初期には，財閥が富岡製糸場などの模範工場を設立して経営した。

イ　資本主義が発達するいっぽう，足尾銅山鉱毒事件などの社会問題も発生した。

ウ　紡績業などの繊維産業では，女性が低賃金で長時間労働に従事した。

エ　第一次世界大戦が始まると，輸出が増加し，また重化学工業が発達した。

2 差がつく!! 19%　1872年に公布された学制により，6歳以上の男女が小学校教育を受けることになった。右のグラフは，明治時代における小学校の就学率の変化を表したものである。男子の就学率が初めて60％に達した年から，女子の就学率が60％に達した年までの間におこったわが国のできごととして適当なものを，次の**ア〜エ**の中から2つ選び，年代の古い順に，記号で答えなさい。〈愛媛県〉

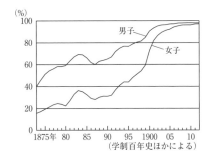

(学制百年史ほかによる)

ア　大日本帝国憲法が発布された。　イ　日露戦争が起こった。

ウ　内閣制度が創設された。　エ　樺太・千島交換条約が結ばれた。

3 差がつく!! 17%　右の年表を見て，次の問いに答えなさい。

(1) 右下の略地図が示す，年表中**X**の時期におこった戦争の名称と，戦争後の日本のできごとの組み合わせとして，正しいものはどれか。次の**ア〜エ**の中から1つ選び，記号で答えなさい。〈鹿児島県〉

年代	おもなできごと
1885	内閣制度が創設される
1902	日英同盟を結ぶ
1910	韓国を併合する
1914	第一次世界大戦に参戦する…**Y**

（1885〜1910の右に **X**）

ア　日清戦争：政府は賠償金の一部を使って，福岡県に官営の八幡製鉄所を設立した。

イ　日清戦争：講和条約の内容に不満をもった国民は政府を攻撃し，暴動をおこした。

ウ　日露戦争：三国干渉を受け入れ，講和条約により得た遼東半島を対戦国に返還した。

エ　日露戦争：政府は，軍事・経済上の必要から，民間の主な鉄道を国有化した。

(2) 差がつく!! 25%　**Y**に関連して，次の文中の ▢ にあてはまる適当なことばを，「ロシア」「1902年」の2つの語を用いて，**30字以内**(読点も含む)で書きなさい。〈千葉県〉

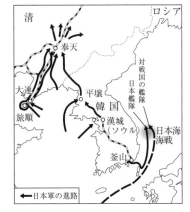

←日本軍の進路

　日本は， ▢ を理由に，第一次世界大戦への参戦を決定した。

例題

第一次世界大戦後の世界について，次の問いに答えなさい。

[1] 右の写真の人物は，イギリスの植民地支配に対抗してアジアで活動していた指導者である。この人物について述べた次の文中の **Ⅰ**，**Ⅱ** にあてはまる最も適当な語を，それぞれ**漢字2字**で書きなさい。

〈千葉県〉

正答率
↓
(1) **27**%

差がつく!!
(2) **23**%

祖国の独立を目指して，非 **Ⅰ** ・非協力・不 **Ⅱ** を提唱するとともに，国産品の使用をすすめるなどの運動を展開した。

[2] 国際連盟についての説明のうち，適切なものはどれか。次の**ア〜エ**の中から1つ選び，記号で答えなさい。

〈青森県〉

ア ニューヨークに本部が置かれ，新渡戸稲造が事務局次長となった。

イ アメリカのルーズベルト大統領の提案にもとづいて設立された。

ウ 中国，イギリス，フランス，イタリア，日本が常任理事国となった。

エ ドイツ，ソ連は設立当初除外されたが，その後加盟した。

ミスの傾向と対策

[1] 写真の人物はガンディー（ガンジー）である。ガンディーに指導されたインドの独立運動の知識がむずかしいと思われる。ただし，「非暴力・不服従運動」という言葉は耳にする機会もある。注意しなければならないのは，「非」に対応するのが「暴力」で，「不」に対応するのが「服従」であること。

[2] 国際連盟に関しては，第二次世界大戦後の国際連合と混同してミスしやすい。また，国名がいく

つも出てくるので，あてはまる国とあてはまらない国の区別もむずかしいと考えられる。**ア**について，ニューヨークではなくジュネーブである。**イ**について，ルーズベルトではなくウィルソンである。**ウ**について，中国は常任理事国に選ばれていない。**エ**は正しい。

解答 [1] Ⅰ一暴力　Ⅱ一服従　[2] エ

入試必出! **要点まとめ**

■ 第一次世界大戦の国際関係

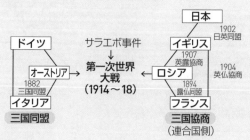

■ 第一次世界大戦後の日本

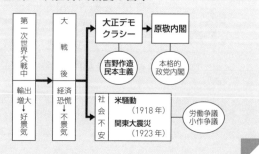

1

39%

次の問いに答えなさい。 〈長野県〉

〔1〕本格的な政党内閣の誕生を含み，社会運動がさかんになったり，自由主義の風潮が高まったりした，社会全体の動きをあらわす最も適切な語句を8字で書きなさい。

35%

〔2〕ある4つの衆議院議員選挙における人口総数に対する有権者の割合を調べて，下の資料のように表した。資料をみて，1890年と1928年の選挙における有権者の割合の違いに着目した。これに関係のあるものを，下の**ア〜オ**の中から1つ選び，記号で答えなさい。

ア　性別のみによる選挙権の違い

イ　性別と年齢による選挙権の違い

ウ　年齢のみによる選挙権の違い

エ　年齢と財産（納税額）による選挙権の違い

オ　財産（納税額）による選挙権の違い

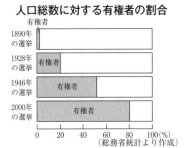

人口総数に対する有権者の割合

（総務省統計より作成）

2

差がつく!!
24%

右の年表を見て，次の問いに答えなさい。

〔1〕**A**から**D**にかけての期間の，わが国の社会や文化について述べた文として最も適切なものを，次の**ア〜エ**の中から1つ選び，記号で答えなさい。 〈山形県〉

ア　洋風を取り入れた文化住宅が流行した。

イ　郵便や電信の制度が始まった。

ウ　東海道新幹線が開通した。

エ　教育基本法が制定された。

差がつく!!
13%

〔2〕次の**ア〜エ**は，年表の**B**から**E**にかけての期間のできごとである。年代の古い順に左から並べ，記号で答えなさい。

ア　ワシントン会議が開かれる

イ　五・四運動が起こる

ウ　南京に国民政府が樹立される

エ　二十一か条の要求が出される

年代	できごと
1910	韓国を併合する……A
1914	第一次世界大戦が始まる………B
1920	国際連盟が設立される………C
1929	世界恐慌が起こる………D
1931	満州事変が起こる………E

〈福島県〉

3

差がつく!!
23%

右のグラフは，1910年代の米価の推移を示している。グラフに示されている期間において，米価が大きく変化しているのはなぜだと考えられるか。その主な理由を，当時の日本とロシアとの間のできごとと関連づけて，簡潔に書きなさい。 〈広島県〉

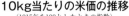

10kg当たりの米価の推移
（1915年を100としたときの指数）

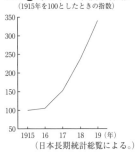

（日本長期統計総覧による。）

例題

正答率

差がつく!!
(1)
22%

(2)
46%

右の年表を見て，次の問いに答えなさい。

〔1〕下線部**a**について，イギリスやフランスでは，ブロック経済によってこれを乗り切ろうとした。このブロック経済を，次の**3語**を用いて説明しなさい。　〈青森県〉

外国　植民地　関税

〔2〕**b**で示された時期におこったできごとについて述べた次の**ア～ウ**を年代の古い順に並べ，記号で答えなさい。　〈長崎県〉

　ア　内戦の後，中華人民共和国が成立した。
　イ　辛亥革命がおこり，中華民国が成立した。
　ウ　満州事変がおこり，満州国が建てられた。

年代	できごと
1904	日露戦争がおこる
1914	第一次世界大戦がおこる
1929	a 世界恐慌がおこる
1939	第二次世界大戦がおこる
1945	日本がポツダム宣言を受諾する
1956	日本が国際連合に加盟する

（1904～1956を囲む右側に b ）

ミスの傾向と対策

(1) 各国の恐慌対策はよく出題される問題。ブロック経済の説明はよく出題されるが，政策の中身を理解していないと，語句を指定されてもむずかしい。当時のイギリスやフランスが，アメリカや日本・ドイツなどと比較して，どんな特質をもった国であったかをまずおさえる。イギリスやフランスは，海外に広大な植民地を持つ国であった。ブロック経済は，この特質を活用したものであった。本国と植民地とで経済圏を形成し，その範囲内で生き残りをはかった経済である。

(2) 日本でおこったできごとを並べる問題は答えやすいが，特定の国のできごとを年代順に並べる問題は意外とむずかしい。中国や朝鮮（韓国），イギリスやアメリカなどについては，その国でおこった主なできごとを年代順に整理しておこう。

解答　**(1)（例）本国と植民地との関係を密接にして貿易を拡大する一方，それ以外の外国の商品に対する関税を高くすること。**
(2) イ→ウ→ア

入試必出!・要点まとめ

■ **2つの世界大戦**

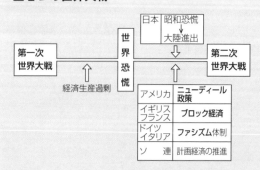

■ **満州事変から敗戦までの日本**

満州事変⇒「満州国」建国⇒国際連盟脱退
↓
日中戦争⇒長期化，戦時体制の強化
↓
日独伊三国同盟⇒アメリカ・イギリスと対立
↓
太平洋戦争
↓
沖縄戦，広島・長崎に原爆投下，ソ連参戦
↓
ポツダム宣言受諾⇒無条件降伏

1

45%

右の年表を見て，次の問いに答えなさい。

年代	おもなできごと
1937	a 日中戦争（～45）
1938	X が制定される
1941	b 太平洋戦争（～45）
1945	ポツダム宣言を受諾

(1) X が制定されたことによって，政府は議会の承認なしに，国民の生活全体を統制できるようになった。 X にあてはまる法律名を書きなさい。 〈山形県〉

22%

(2) 下線部 a は，ある都市の郊外でおきた日中両国軍の衝突をきっかけに始まった。この都市を，次のア～エの中から1つ選び，記号で答えなさい。また，この都市の位置を右の略地図の A～D の中から1つ選び，記号で答えなさい。 〈北海道〉
ア 北京（ペキン） 　イ 上海（シャンハイ） 　ウ 旅順（リョジュン） 　エ 重慶（チョンチン）

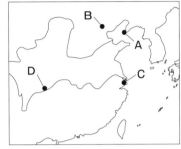

9%

(3) ひとみさんは，下線部 a，b の時期の国内の様子を調べ，この時期のある中学生の作文と，当時の様子を示す写真を見つけた。下の作文と写真を参考に，作文中の Y にあてはまる語句を漢字2字で書きなさい。 〈山梨県〉

> …（略）…2学期が始まり，私たちの生活は大きく変わりました。働き手である多くの大人が戦地に召集されるようになってきたので，全国の中学生以上の学徒(学生や生徒)は，「勤労 Y 」あるいは「学徒 Y 」といって，工場などで働くことになりました。私たちも，1～2週間の研修を受けてそれぞれの工場に配置されました。…（略）…

2
10%

次のア～エの文は，第二次世界大戦前におこった社会のできごとについて述べたものである。年代の古い順に並べ，記号で答えなさい。 〈福島県〉

ア 米の安売りを求める運動をきっかけに，米騒動が全国に広がった。
イ 埼玉県秩父地方で農民らが高利貸しなどを襲った秩父事件が起こった。
ウ 陸軍の青年将校が首相官邸や警視庁などを襲撃した二・二六事件が起こった。
エ 田中正造は，足尾銅山の鉱毒により大きな被害が起こった事件の解決に取り組んだ。

例題

正答率

(1) 33%

差がつく!! **(2) 16%**

戦後改革について，次の資料を見て，あとの問いに答えなさい。

資料1

資料2

資料3 農地改革による農地面積の変化

(単位 千ha)

年	農地総面積	小作地面積
1945	5,113	2,349
1950	5,157	510

〔農林省の資料より作成〕

〔1〕 宏二君は，戦後改革について説明するため，**資料1～3**をもとにコメントを付けた。次の宏二君が書いたコメントの ① ， ② に最もよくあてはまる語を，**資料1～3**から読み取って，書きなさい。 〈宮崎県・改〉

> 戦後の日本は， ① 的で， ② な国家をめざしていた。

〔2〕 次の**表**は，1941年から1949年の期間の自作地・小作地の割合を示したものである。1949年の自作地の割合が，1941年に比べて増えている理由を，**条件**に従って説明しなさい。 〈鳥取県〉

表

	自作地（%）	小作地（%）
1941年	53.8	46.2
1949年	86.9	13.1

条件

- 「農地改革が行われ，」という書き出しに続けて，20字以上30字以内で答えること。
- 句読点も字数に数えること。

ミスの傾向と対策

〔1〕 コメントの文が漠然としているので，適切な語が思いつかず，正答に至らないと考えられる。①では，「○○的」となる語を考える。**資料1**から女性の参政権が実現したこと，**資料3**から農地改革が実施されたことがわかる。国民が主役で，平等・公平で自由な政治，つまり民主的な政治がめざされた。また，**資料2**の絵の「戦争放棄」から「平和」を導き出す。

〔2〕 **条件**の「農地改革」に着目する。第二次世界大戦後，戦後改革の一環として農地改革が行われ，地主の土地を国が買い上げ，小作人に安く売り渡した。その結果，**表**から読み取れるように自作地の割合が大幅に増大した。したがって，自作農が大きく増加した。

解答 〔1〕①民主 ②平和 〔2〕（例）（農地改革が行われ，）政府が地主の農地を買い上げ，小作人に安く売り渡したから。（28字）

 入試必出! 要点まとめ

■ 戦後改革

政治	女性に選挙権，政党の復活，地方自治
経済	財閥解体，農地改革
教育	教育基本法，9年間の義務教育
労働	労働組合法，労働基準法

■ 諸外国との関係

ソ連	日ソ共同宣言⇒国交正常化
韓国	日韓基本条約
中国	日中共同声明⇒国交正常化
アメリカ	日米安全保障条約，沖縄に基地

1 38%

中華人民共和国との国交が正常化した後，日本と中華人民共和国との間で結ばれた右の資料の条約を何というか。その名称を書きなさい。 〈佐賀県〉

> 第1条　両締約国は，主権および領土保全の相互尊重，相互不可侵，内政に対する相互不干渉，平等および互恵ならびに平和共存の諸原則の基礎の上に，……

2 30%

右の年表を見て，次の問いに答えなさい。

(1) 次のア〜エのできごとは，年表中の**a**の時期のできごとである。ア〜エのできごとを，おこった年の古い順に並べかえ，記号で答えなさい。

ア　日韓基本条約が結ばれる
イ　サンフランシスコ平和条約が結ばれる
ウ　日本が国際連合に加盟する
エ　日本国憲法が施行される 〈山形県〉

年代	できごと
1945	第二次世界大戦が終わる
1970	大阪で万国博覧会が開かれる
1973	**b**第四次中東戦争がおこる

a（1945と1970の間）

38%

(2) 下線部**b**はわが国の経済に大きな影響をあたえた。この影響について，**図1**と**図2**から読み取れることを関連づけて簡潔に書きなさい。 〈秋田県〉

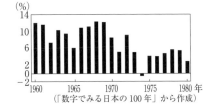

図1　日本の経済成長率の推移
（「数字でみる日本の100年」から作成）

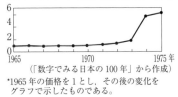

図2　日本の*原油輸入価格の推移
（「数字でみる日本の100年」から作成）
*1965年の価格を1とし，その後の変化をグラフで示したものである。

3 差がつく!! 14%

日本の国際連合加盟に関心を持った優太さんは，そのころのできごとを**資料**にまとめた。これをみて，日本の国際連合への加盟が，独立を回復してからすぐには実現しなかった理由を，冷戦のもとでの日本の国際的な立場にふれながら，簡潔に述べなさい。 〈宮城県〉

資料

年代	できごと
1950	朝鮮戦争が始まった。
1951	サンフランシスコ平和条約が結ばれた。 日米安全保障条約が結ばれた。
1956	日ソ共同宣言が結ばれた。 日本の国際連合への加盟が実現した。

4 差がつく!! 7%

1945年，日本が降伏したあと，戦争の責任があるとされた軍人や政治家を裁いた裁判が，1946年から始まった。その裁判の名称を書きなさい。 〈佐賀県〉

歴史 ✕ 歴史総合

例題

正答率
↓
35%

次の**資料1**は，慈照寺にある東求堂同仁斎である。**資料2**は，ある一族の様子を描いた物語の一部である。**資料3**は，聖武天皇の死後，東大寺の正倉院に納められたものの一部である。**資料4**は，紀貫之らが編集した古今和歌集の一部である。また，下の**A～D**は，8世紀から15世紀にかけての日本と周辺の国々を示した略地図である。**B～D**の略地図と上の**資料2～4**を古い順に並べて，右下の表を完成させなさい。

〈青森県〉

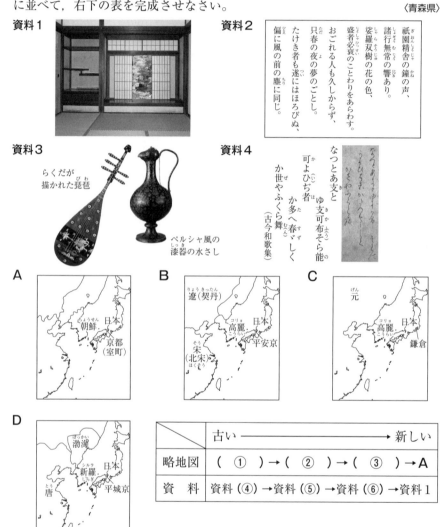

資料1

資料2

祇園精舎の鐘の声、諸行無常の響あり。沙羅双樹の花の色、盛者必衰のことわりをあらわす。おごれる人も久しからず、只春の夜の夢のごとし。たけき者も遂にはほろびぬ、偏に風の前の塵に同じ。

資料3

らくだが描かれた琵琶

ペルシャ風の漆器の水さし

資料4

なつとあ支と　可よひぢ者は　か世やふくら舞　ゆ支可布能そら能　か多へ春ゞしく

（古今和歌集）

A 朝鮮　日本　京都（室町）

B 遼（契丹）　高麗　日本　宋（北宋）　平安京

C 元　高麗　日本　鎌倉

D 渤海　新羅　日本　唐　平城京

	古い ──────────→ 新しい
略地図	（ ① ）→（ ② ）→（ ③ ）→A
資　料	資料（④）→資料（⑤）→資料（⑥）→資料1

ミスの傾向と対策

いくつもの時代に関係すること，しかも資料や地図を並べかえる点が難解と思われる。まず，資料の時代を考える。**資料1**は室町時代，**資料2**の「平家物語」は鎌倉時代，**資料3**は奈良時代，**資料4**は平安時代である。次に地図の時代を考える。**A**は朝鮮，**B**は宋（北宋）と高麗，**C**は元，**D**は唐と新羅に着目する。また，地図中に示されている日本の政治の中心地にも注目する。**A**は室町，**B**は平安，**C**は鎌倉，**D**は奈良の各時代にあたる。

解答 ①D ②B ③C ④3 ⑤4 ⑥2

33%

次のA～Eは年代順に並んでいない。これを年代の古い順に並べ，その記号を書きなさい。〈青森県〉

A 幕府や藩は，土地の開墾に力を注ぎ，長い用水路をつくったり，海や広い沼地を干拓したりして，大きな新田を開発した。

B 自然災害で田が荒れることが多く，人口も増加したため，口分田が不足した。当時の政府は，開墾を奨励しようと墾田永年私財法を出して，新しく開墾した土地であればいつまでも私有してもよいことにした。

C 中大兄皇子は，豪族が支配していた土地と人々とを，公地公民として国家の直接の支配のもとに置いた。

D 農村では有力な農民の指導のもとで，村ごとに惣とよばれる自治的な組織がつくられ，村のおきてを定めた。北陸では，信仰で結びついた武士や農民たちが一向一揆をおこし，守護大名をたおした。

E 豊臣秀吉は，ものさしやますを統一するとともに，全国の田畑の広さや土地の良し悪しを調べ，予想される生産量をすべて石高であらわした。また，農民を耕作に従事させ，一揆を防ぐために，刀・弓・やり・鉄砲などの武器を取り上げた。

 29%

時代とともに文化の伝播や交流の機会も多くなり，人々の往来の様子などが文学作品などにあらわされた。次のア～エは，平安時代から江戸時代にかけてつくられた旅に関係する作品について述べたものである。時期の古いものから順に並べ，記号で答えなさい。〈東京都〉

ア 政治が安定し，めざましい経済の発展のもとで上方の町人中心の文化が栄えたころ，俳諧を芸術として高めた松尾芭蕉は，東北や北陸の名所旧跡などを訪れて紀行文を書いた。

イ 武士の台頭により素朴で力強い文化が広がっていったころ，諸国をめぐり歩き，踊り念仏などによって修行や布教をする一遍の様子が絵巻に描かれた。

ウ 社会の行きづまりを反映して，政治や世間への風刺が流行したころ，十返舎一九は，二人の人物の旅先での滑稽な失敗談や人々の生活ぶりを紹介した小説を書いた。

エ 大陸のすぐれた文化を吸収し，わが国独自の文化が生まれたころ，国司としての任期を終えた紀貫之は，都に帰るまでの様子をかな文字を使って日記に書いた。

 差がつく!! 17%

日本における原始・古代から現代までの時代の区分として最も適当なものを，次のア～エの中から1つ選び，記号で答えなさい。〈大分県〉

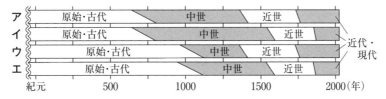

次の年表を見て，あとの問いに答えなさい。

例題

正答率

(1) 26%

差がつく!! (2) 17%

(3) 49%

〔1〕下線部aに関して，政府は憲法を制定するために，主にドイツの憲法を参考にした。政府は，このドイツの憲法のどのような特徴を参考にしたか。簡潔に書きなさい。　〈広島県〉

年代	おもなできごと
1889	a 大日本帝国憲法が発布される
1890	第一回衆議院議員選挙が行われる
	↕b
1900	選挙権が拡大される
1920	c 国際連盟に加盟する

〔2〕下の**表1**，**表2**は，1890年と1900年における日本の輸出入額及び上位2品目と総額に占める割合をあらわしたものである。**b**の時期には軽工業が発展したが，その発展の内容として2つの表から読み取れることを，次の2つの語句を用いて書きなさい。　〈福島県〉

輸出	綿花

表1　1890年の日本の輸出入額及び上位2品目と総額に占める割合

	総額（万円）	上位2品目（　）は総額に占める割合	
輸出	5660	生糸（24.5%）	緑茶（10.7%）
輸入	8173	綿糸（12.2%）	砂糖（10.3%）

表2　1900年の日本の輸出入額及び上位2品目と総額に占める割合

	総額（万円）	上位2品目（　）は総額に占める割合	
輸出	20443	生糸（21.8%）	綿糸（10.1%）
輸入	28726	綿花（20.7%）	砂糖（9.3%）

(日本貿易精覧 復刻版により作成)

〔3〕下線部cが設立された理由を「第一次世界大戦」ということばを使い，簡単に書きなさい。　〈北海道〉

ミスの傾向と対策

〔1〕「大日本帝国憲法がどこの国の憲法を参考にしたか」という問いには，「ドイツ」と答えられるけれども，参考にした理由を記述するのがむずかしいと考えられる。この問題では，ドイツの憲法の特徴がわからなくても，大日本帝国憲法の特徴から推理することができる。

〔2〕2つの資料を読み取ることが，歴史の問題ではむずかしいと考えられる。地理の問題と同様，まず資料をていねいに読み取る。用いることを指定されている綿花に着目する。1900年には，綿花を大量に輸入し，これを加工した綿糸を輸出している。10年前の1890年を見ると，この綿糸は輸入品の第1位であった。産業革命の進展により，日本は綿糸の輸入国から輸出国へと変化した。

〔3〕国際連盟が設立されたのは第一次世界大戦後である。この大戦は総力戦となり，ヨーロッパ各国は大きな被害を受け，国力を使い果たした。その反省から，国際連盟が設立された。

解答　〔1〕（例）君主が強い権力を持っている。
〔2〕（例）1890年には綿糸を輸入していたが，1900年には綿花を輸入し，綿糸を大量に輸出できるようになった。
〔3〕（例）第一次世界大戦後の国際平和を守るため。

1 44%　明治政府にとって，条約改正は長年にわたる外交上の課題となった。次の資料にえがかれている事件がきっかけとなって，条約改正を求める世論が高まった。その理由を，不平等条約の内容にふれながら簡潔に書きなさい。　〈岐阜県〉

　1886（明治19）年，和歌山県沖でイギリス船が沈没した。イギリス人船長は，船員のイギリス人だけを助け，乗客の日本人は助けなかった。このため，日本人25人全員が水死した。

2 36%　右の年表を見て，次の問いに答えなさい。

〔1〕aの時期に，原敬が内閣を組織した。原内閣には，それまでの内閣と比べて，どのような違いがあったか。その特色を書きなさい。　〈山形県〉

差がつく!! 24%　〔2〕下線部bについて，第二次世界大戦が終わってから，この条約を調印するまでは，日本の主権は制約を受けていた。それは具体的にはどのようなことをいうのか，簡潔に書きなさい。　〈宮崎県〉

年代	できごと
1914	第一次世界大戦がおこる
	↕a
1920	国際連盟が設立される
1945	第二次世界大戦が終わる
1951	b サンフランシスコ平和条約が結ばれる

3 差がつく!! 14%　鎌倉幕府は元軍の撤退後，徳政令を出した。幕府がこの法令を出した目的と，この法令の内容とを，それぞれ簡潔に書きなさい。　〈栃木県〉

4 差がつく!! 8%　次の**資料A**の大津や今津などの地名にある「津」という漢字には，「みなと」という意味がある。このことや，**資料A，B**を参考にして，近世における琵琶湖の役割を，簡潔に述べなさい。　〈宮城県〉

資料A　近世の近江国

資料B　西廻り航路などの航路とおもな特産物

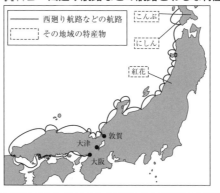

5 差がつく!! 5%　第一次世界大戦中，わが国は空前の好景気となった。このとき，わが国では貿易と産業の面でそれぞれ具体的にどのような変化が生じたか，簡潔に書きなさい。　〈栃木県〉

例 題

正答率
↓
42%

対立があったとしても議論を深めながら合意をめざしていくことによって，それを解消できるのではないか，と言う意見に関して，このことを実現させるための考え方として「効率」と「公正」がある。次の**資料**は，授業を受けたＡさんが，その具体的な例として，自分の住む市で実施されている取り組みについてまとめたものである。この市の取り組みが「公正」の考え方に基づいていると判断できる理由を説明しなさい。　　　　〈鹿児島県〉

資料

○○市では，民間会社の一部のバス路線が利用者の減少によって廃止されたので，市議会で審議した結果，市がバスを新たに運行する取り組みを行っています。

ミスの傾向と対策

対立から生じる問題を解決するための考え方の基準としての「効率」，「公正」とは何であるかを，おさえておこう。効率は，物やお金，時間，労働力などが無駄なく利用されているかどうかという考え方である。一方，公正は，解決策の決定にみんなが参画できるかどうかという手続きの公正と，その解決策が一部の人にだけ有利になっていないかどうかという，機会や結果の公正の2つがある。路線バスの存続についての**資料**の例では，民間会社は，効率の観点から，路線の廃止に踏み切った。しかし，この解決策では，自家用車を運転することのできない市民が，交通手段を失ってしまうことにもなり，一部の人にとって不利益が大きい。市議会の審議は，公正の観点が損なわれることのないように，配慮したものである。多くの人々が納得できる解決策として，効率と公正の両方の観点をなるべくみたすことが重要になる。

解 答　（例）**市民すべてが交通手段を確保できるよう配慮しているから。**

 **入試必出！　要点まとめ**

■ **対立から合意へ**　効率と公正の観点

効率…無駄を省こうという考え方
　　　物やお金，時間，労働力などを有効活用

効率の良い決定の方法は
→多数決

対立　────────────────→　合意

公正
　手続きの公正さ…多くの人が参加して，決定できる
　機会や結果の公正さ…機会が平等に与えられ，結果が不当でない

より公正な決定の方法は
→全員一致

1 45%

正樹君は，学習のまとめをする中で，友達と意見を述べ合った。グローバル化の進展にともない，わたしたちは，今後どのようなことを心がける必要があるか。2人の意見と右の**資料**をもとに書きなさい。

資料 日本の病院で働く外国人の看護助手

〈宮崎県〉

> 正樹君：和食のよさを広めると同時に，わたしたちが世界の食文化について理解することも大切だよね。世界にはさまざまな宗教があり，食文化も異なっているからね。
> 愛さん：そうだね。食文化や宗教だけでなく，言葉やあいさつなど，地域によって文化や生活習慣も異なることを学んだよね。

2 45%

右の**意見**は，ある班が，次の**資料**をもとに多数決と全員一致を比較して考えたものである。**意見**の下線部の内容を，次の語を用いて書きなさい。〔一定〕

意見：多数決の長所は，効率のよさであり，全員一致の長所は，結果の公正さである。

〈秋田県〉

資料

○経営の方針案と法律案の比較
・案が実行されるまでの過程を，右の二つの図にまとめ，共通点を考えた。
●班が調べて分かったこと
・採決の前には，十分に話し合う。
・採決では，多数決を行うことが多い。

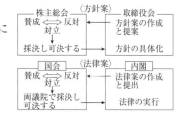

3 42%

高齢化の進行による影響が大きいグラフとして最も適当なものを，次の**ア〜エ**の中から2つ選び，記号で答えなさい。

〈大分県〉

ア 社会保障給付費の推移

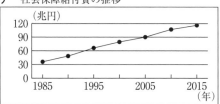

イ 耕作放棄地の面積の推移

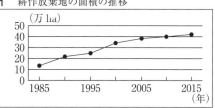

ウ 共働き夫婦の世帯数の推移

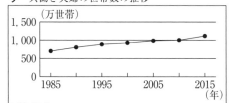

エ 合計特殊出生率の推移

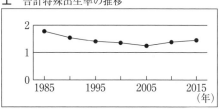

（注）一人の女性が一生に産む子どもの数に相当する合計特殊出生率は，通常，単位を用いない

（「日本国勢図会2019/20」ほかより作成）

次の文を読み，あとの問いに答えなさい。　　　　　　　　　〈佐賀県〉

　日本国憲法では，国民主権，基本的人権の尊重，平和主義の３つの基本原理が定められている。ₐ基本的人権の尊重では，平等権や自由権，社会権，人権を守るための権利などが保障されている。また，憲法が直接規定してはいないが，社会の変化にともなって，ᵦ「新しい人権」が主張されるようになっている。

(1) 下線部 a に関して，日本国憲法に定められたさまざまな基本的人権について述べた文として正しいものを，次のア～エの中から１つ選び，記号で答えなさい。

　　ア　自営業を営んでいる家庭では，子どもに義務教育を受けさせずに家業を継がせることができる。

　　イ　労働三権の１つである団体行動権とは，労働条件をめぐって使用者と労働者が話し合いをすることができる権利である。

　　ウ　自由権は国家によって侵されることがあってはならないものなので，制約を加えることはできない。

　　エ　公務員の不法行為によって損害を受けた場合，その損害の回復を求める権利が請求権の１つとして認められている。

(2) 下線部 b に関して，現在，新しい人権の１つとして，「知る権利」が主張されている。「知る権利」とは，国民が，国や地方公共団体の持つ情報の公開を求めることができる権利である。この権利はなぜ主張されるようになったのか，民主政治との関わりにふれながら，次の形式に従って理由を簡潔に書きなさい。

　　国民が情報を得て，（　　　　　　　　　　　　　　）ために必要だから。

正答率
↓
(1)
42%

差がつく‼
(2)
25%

ミスの
傾向と対策

(1) アについて，子どもに普通教育を受けさせることは国民の守るべき義務である。イについて，団体行動権はストライキなどを行う権利である。ウについて，財産権や職業選択の自由など経済活動の自由については，「公共の福祉」による制限が加えられることもある。

(2) 「知る権利」が必要な理由を述べる。民主政治との関わりに絡めるのだから，かなり難解だと思われる。民主政治の前提は国民主権であり，主権者である国民が政治の主人公であることに着目する。

解答　(1) エ　(2)（例）（国民が情報を得て，）適切な判断をし，民主的な政治をすすめていく〔国や地方公共団体を監視し，その不正をなくす〕（ために必要だから。）

入試必出！**要点まとめ**

■ 基本的人権

平等権	自由権	社会権	人権を守るための権利	新しい人権
・法の下の平等	・身体の自由	・生存権	・参政権	・環境権
・男女平等	・精神の自由	・教育を受ける権利	・裁判を受ける権利	・知る権利
	・経済活動の自由	・勤労の権利，労働三権	・国家賠償請求権	・プライバシーの権利

1 41%

次の各問いに答えなさい。　　　　　　　　　　　　　　　　　　〈神奈川県〉

(1) 日本国憲法に定められている天皇の国事行為に**あてはまらないもの**を次の**ア〜エ**の中から1つ選び，記号で答えなさい。

　ア　法律を公布すること　　　　　　　**イ**　衆議院を解散すること
　ウ　最高裁判所の長官を指名すること　**エ**　国会を召集すること

44%

(2) 次の**ア〜エ**の日本国憲法の条文の中から，社会権に関するものとして最も適するものを1つ選び，記号で答えなさい。

　ア　すべて国民は，法律の定めるところにより，その能力に応じて，ひとしく教育を受ける権利を有する。

　イ　何人も，公共の福祉に反しない限り，居住，移転及び職業選択の自由を有する。

　ウ　何人も，裁判所において裁判を受ける権利を奪（わ）はれない。

　エ　集会，結社及び言論，出版その他一切の表現の自由は，これを保障する。

2 43%

次の文の□□□□□□にあてはまる語を**漢字6字**で書きなさい。　　　　〈大阪府〉

> 　国際連合は，これまで国際人権規約や女子差別撤廃条約，子ども（児童）の権利条約などを採択してきた。これらの条約の基となる理念は，1948年の国際連合総会で採択された□□□□□□に示されており，その第1条には「すべての人間は，生（う）れながらにして自由であり，かつ，尊厳と権利とについて平等である。」と記されている。

3

日本国憲法に関して，次の問いに答えなさい。　　　　　　　　　　〈長野県〉

44%

(1) 日本国憲法に保障されている自由権として最も適切なものを，次の**ア〜エ**の中から1つ選び，記号で答えなさい。

　ア　原則として，現行犯の場合を除いては，令状がなければ逮捕（たいほ）されない。

　イ　養育する子どもに対して普通教育を受けさせる義務を負っている。

　ウ　勤労者の団結権，団体交渉権，団体行動権が認められている。

　エ　家族生活において，夫婦は，同等の権利があることを基本としている。

差がつく!! 16%

(2) 日本国憲法の改正と法律の制定について書かれた下の**ア〜エ**のうち適切なものを，右の図を参考にしてすべて選び，記号で答えなさい。

　ア　憲法の改正は，衆議院，参議院両院での可決を必要とするが，法律の制定は参議院の可決だけでよい。

　イ　憲法の改正，法律の制定ともに，衆議院，参議院両院で，それぞれ総議員の3分の2以上の賛成を必要とする。

　ウ　憲法の改正では，国会による発議の後に国民投票が行われる。

　エ　天皇による公布は，憲法の改正の場合も，法律の制定の場合も行われる。

日本国憲法改正の流れ

衆（参）議院…総議員の3分の2以上の賛成
↓
参（衆）議院…総議員の3分の2以上の賛成
↓
改正の発議
↓
国民投票……有効投票数の過半数の賛成
↓
改正の成立
↓
天皇による公布

次の文を読んで，あとの問いに答えなさい。〈青森県・改〉

国会は国民の代表機関，国権の最高機関，a国の唯一の立法機関という３つの地位をもっている。また，b衆議院と参議院があり，二院制がとられている。

例題

正答率

(1) **40%**

(2) **37%**

(3) **41%**

[1] 下線部 a について，右の資料は，法律案が両院で可決され，公布されるまでの過程をおおまかに示したものである。資料中の □ にあてはまるものを，下の語群の中から１つ選んで書きなさい。

法律の立案	法律案の審議・議決		天皇によって公布
国会議員 内閣	先議の議院　議長→□→本会議　意見↑公聴会	後議の議院　議長→□→本会議　意見↑公聴会 内閣	

[閣議　　委員会　　両院協議会　　憲法調査会]

[2] 下線部 b について，衆議院の優越にあてはまらないものを，次のア～エの中から１つ選び，記号で答えなさい。

　ア　憲法改正の発議　　　　イ　条約の承認
　ウ　内閣総理大臣の指名　　エ　予算の議決

[3] 民主主義の政治では，十分に話し合っても意見が一致しない場合，多数決で結論を出すのが一般的である。そのとき，結論を出す前に必要なことは何か，**15字以内**で書きなさい。

ミスの傾向と対策

[1] 法律案の審議は，まず委員会で行われ，委員会で議決されたのち本会議で審議される。委員会は専門的な知識を持った議員で構成され，議案を細かく審議する。

[2] 最高法規である憲法の改正の発議は重要な仕事なので，衆議院の優越が認められていると思いがちだが，最重要の仕事だからこそ，衆議院・参議院の権限は同等になっており，しかも総議員の3分の2以上の賛成が必要とされている。

[3] 多数決でものごとを決めるという原則はわかっていても，その前提条件を見落としがちであると考えられる。多数の意見が常に正しいとは限らない。審議を重ねるうちに，少数意見の側に正義や合理性があることがわかる場合もある。したがって，少数意見が尊重されることは，多数決の原則の必要条件である。

解答　(1) 委員会　(2) ア
　　　　(3) (例)少数の意見を尊重すること。(13字)

入試必出!　要点まとめ

■ **国会の種類に注意**
● **常会**…毎年1月に召集。おもに次年度予算を審議。会期は150日。
● **臨時会**…内閣が必要と認めるか，いずれかの議院の総議員の4分の1以上の要求で召集。
● **特別会**…衆議院解散後の総選挙の日から30日以内に召集。内閣総理大臣の指名。
● **参議院の緊急集会**

■ **国会の仕事**（◎は衆議院の優越）
◎ **法律の制定**…両議院の議決が異なる場合は，衆議院が出席議員の3分の2以上の賛成で再可決。
◎ **予算の議決**…先に衆議院が審議。衆議院の議決後，30日たつと自然成立。
◎ **条約の承認**　　◎**内閣総理大臣の指名**
　弾劾裁判所の設置　　国政調査権の行使
　憲法改正の発議

1 43%

次の文中の [　　] にあてはまる語句を漢字2字で書きなさい。　　〈長野県・改〉

> 日本国憲法の三原則は，「国民主権」「基本的人権の尊重」「平和主義」である。国の政治の決定権は国民がもち，選挙を通じて選ばれた代表者が国のあり方を決める [　　] 民主制を採用している。

2 43%

衆議院の優越について，次の問いに答えなさい。

[1] 法律案を衆議院で再可決して成立させる場合，出席議員が420人のとき，最低何人の議員の賛成が必要か，次の**ア〜エ**の中から1つ選び，記号で答えなさい。　〈高知県〉

　ア　420人　　イ　280人　　ウ　211人　　エ　210人

差がつく!! 12%

[2] 下の図は，Kさんが衆議院の優越について調べたものの一部である。図の**X**に適する言葉を補いなさい。　〈栃木県〉

衆議院の優越の内容（予算の議決や条約の承認の場合）

衆議院で可決し，参議院に送付後，国会休会中の期間を除いて30日以内に議決しない場合。	衆議院で可決し，参議院で異なる議決をした場合で，[　　**X**　　]。

↓　　　　　↓

衆議院の議決を国会の議決とする。

3 35%

国会の仕事について述べた文として正しいものを，次の**ア〜エ**の中から1つ選び，記号で答えなさい。　〈北海道〉

　ア　法律を公布する。　　　　イ　予算を作成する。
　ウ　最高裁判所長官を指名する。　エ　条約を承認する。

4 差がつく!! 17%

右の図を見て，国会について正しく述べているものを，次の**ア〜エ**の中から1つ選び，記号で答えなさい。　〈滋賀県〉

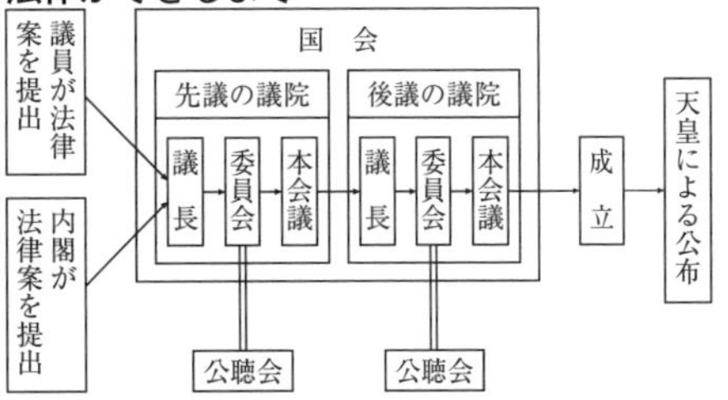

　ア　各議院の委員会には，それぞれ常任委員会と特別委員会がある。
　イ　先議の議院は，常に衆議院でなければならない。
　ウ　公聴会は，どのような法律を制定するときにも開かなければならない。
　エ　本会議での議決は，すべて過半数で可決する。

法律ができるまで

案を提出 議員が法律
法律案を内閣が提出

国会
先議の議院：議長→委員会→本会議
後議の議院：議長→委員会→本会議
→成立→天皇による公布

公聴会　公聴会

5 差がつく!! 5%

議員数が右の資料に示されている人数のとき，参議院が臨時国会の召集を要求することができるのは，最低何人以上の参議院議員の要求がある場合か，書きなさい。　〈山形県〉

参議院の選挙区別議員数

比例代表	選挙区
100人	148人

例題

正答率

↓

差がつく!!

(1) 23%

(2) 41%

(3) 46%

次の文を読んで，あとの問いに答えなさい。　〈新潟県〉

　我が国の内閣は，a議院内閣制にもとづき，内閣の首長である内閣総理大臣とその他のb国務大臣で組織されている。c内閣の仕事は，日本国憲法に規定されており，法律を実行にうつすことや，予算案をつくって，国会に提出することなどである。

〔1〕下線部aについて，我が国の議院内閣制はどのようなしくみか。「内閣」，「国会」，「責任」の3つの語句を用いて書きなさい。

〔2〕下線部bについて，次の日本国憲法の条文は，国務大臣の選出について規定している。この条文中のX，Yにあてはまる語句の組み合わせとして正しいものを，下のア～エの中から1つ選び，記号で答えなさい。

　　内閣総理大臣は，国務大臣を X する。但し，その過半数は， Y の中から選ばれなければならない。

ア〔X　指名，Y　衆議院議員〕　　イ〔X　指名，Y　国会議員〕
ウ〔X　任命，Y　衆議院議員〕　　エ〔X　任命，Y　国会議員〕

〔3〕下線部cについて，日本国憲法で規定されている，内閣の仕事として正しいものを，次のア～エの中から1つ選び，記号で答えなさい。

ア　国政調査権を行使する。　　　イ　法律を制定する。
ウ　条約を締結する。　　　　　　エ　法令の違憲審査を行う。

ミスの
傾向と対策

〔1〕「下線部のしくみを何というか」といった設問では「議院内閣制」と答えられても，反対に「議院内閣制を説明せよ」となるとむずかしいと考えられる。重要な制度などの語句は的確に説明できるようにしておく。また，3つの語句を用いることが指定されている場合は，3つとも使っているかどうか点検する。

〔2〕「任命」と「指名」の区別で混乱しやすい。また，実際の組閣では「衆議院議員」から国務大臣が数多く選ばれる場合が多いが，憲法の規定では「国会議員」である。

〔3〕正答率は比較的高いが，国会の仕事，内閣の仕事，裁判所の仕事，地方公共団体の仕事など，それぞれ整理しておこう。仮にどれが内閣の仕事かわからなくても，他の選択肢がどこの仕事かわかれば，消去法で正答が導き出される。ア・イは国会の仕事，エは裁判所の仕事である。

解答　(1)（例）内閣が，国会の信任によって成立し，国会に対して責任を負うしくみ。
(2) エ　(3) ウ

入試必出! 要点まとめ

■まぎらわしい内閣の仕事

・法律の執行
　⇒法律の制定は国会の仕事
　⇒法律が合憲かどうかの審査は裁判所の仕事
　⇒法律の公布は天皇の国事行為

・予算の作成
　⇒予算の議決は国会の仕事

・条約の締結
　⇒締結した条約の承認は国会の仕事

1 49%

国家権力のうちの行政権を担当する機関の仕事として**適切でないもの**を次の**ア〜エ**の中から1つ選び，記号で答えなさい。 〈山梨県〉

ア　最高裁判所の長官を指名する。

イ　天皇の国事行為に助言と承認をあたえる。

ウ　外国と結んだ条約を承認する。

エ　予算案を作って，国会に提出する。

2 48%

日本とアメリカの政治のしくみを示した**資料1，2**に関して述べた次の文中の**a〜d**に入る語句の組み合わせとして適切なものを，あとの**ア〜カ**の中から1つ選び，記号で答えなさい。 〈兵庫県〉

> 国民が議会の議員と行政府の長を別々の選挙で選ぶ　**a**　では，行政府が　**b**　。一方，　**c**　では，行政府が立法府に連帯して責任を負う　**d**　を採用している。

ア	a	日本	b	法案を提出できる	c	アメリカ	d	直接民主制
イ	a	日本	b	法案を提出できない	c	アメリカ	d	直接民主制
ウ	a	日本	b	法案を提出できない	c	アメリカ	d	議院内閣制
エ	a	アメリカ	b	法案を提出できる	c	日本	d	議院内閣制
オ	a	アメリカ	b	法案を提出できない	c	日本	d	議院内閣制
カ	a	アメリカ	b	法案を提出できない	c	日本	d	直接民主制

資料1　　　　　　　　　　　　　　　　資料2

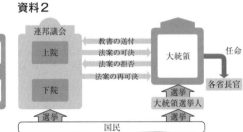

3 33%

1つの政党が単独で政権を担当できないとき，重要な政策について合意して複数の政党で政権を担当することがある。このような政権を何というか。また，このような政権をつくる主なねらいを，**議席**ということばを使って書きなさい。 〈鹿児島県〉

4 28%

近年，国の行政の任務を減らして，「スリムな国家」をめざす改革が進められている。この改革にあてはまらないものを，次の**ア〜エ**の中から1つ選び，記号で答えなさい。 〈宮崎県〉

ア　公務員の数を減らし，効率的な行政組織にする。

イ　裁判員制度を導入し，国民が裁判に参加できるようにする。

ウ　許認可権を見直し，規制緩和をはかる。

エ　国立博物館などを独立行政法人へと改める。

例題

正答率

(1)
50%

差がつく!!
(2)
8%

裁判について，次の問いに答えなさい。　　　　　　　　　　　〈千葉県〉

〔1〕次のイラストは地方裁判所における刑事裁判のようすを示している。イラストを見て，あとの**解説文**の ☐ にあてはまる最も適当な語を**漢字3字**で書きなさい。

（最高裁判所事務総局「法廷ガイド」より作成）

〈解説文〉

　傍聴人席から見て，正面の壇上の席に座っている3人は，法律にもとづいて判決を下す裁判官です。次に，傍聴人席から見て左側に，被疑者を被告人として起訴した ☐ が座ります。反対に傍聴人席から見て右側の被告人の後ろに，被告人の権利を守る弁護人が座ります。

〔2〕最高裁判所について述べた次の文中の ☐ にあてはまる適当なことばを，「法律」「行政機関の行為」「最終」の3つの語を用いて，**30字以内**（読点も含む。）で書きなさい。

最高裁判所が「憲法の番人」といわれるのは， ☐ からである。

ミスの
傾向と対策

〔1〕刑事裁判のしくみを理解していれば，さほどむずかしくない。
〔2〕違憲立法審査権（違憲審査制）を手がかりにしなければならず，さらに最高裁判所の地位も理解しておく必要がある。まず，裁判所が違憲立法審査権をもつことをおさえ，そのうえ

で最高裁判所が終審の裁判所である点を述べる。

解答　〔1〕検察官　〔2〕（例）**法律**や**行政機関の行為**が憲法に違反していないか**最終**的に決定する（30字）

入試必出！ **要点まとめ**

■ **対になっている語句に注意**

┌● **最高裁判所**…最上位の裁判所
└● **下級裁判所**…高等・地方・家庭・簡易裁判所

┌● **民事裁判**…私人の間の争いを裁く
└● **刑事裁判**…犯罪行為を裁く，刑罰を科す

● **原告**…民事裁判で訴えた側
● **被告**…民事裁判で訴えられた側
　※刑事裁判で訴えられた側は**被告人**

● **控訴**…第一審の判決に不服の場合
● **上告**…第二審の判決に不服の場合

1 42%

司法に関連して，国民の権利について調べた。国民の権利の説明として**誤っているもの**を，次の**ア～エ**の中から１つ選び，記号で答えなさい。　　　　　　　　　　　　〈山梨県〉

ア 裁判官の令状がなければ逮捕や捜索をされない権利は，自由権の１つである。
イ 裁判を受ける権利は，人権を守るための権利（請求権）の１つである。
ウ 無罪の判決を受けた人が刑事補償を求める権利は，平等権の１つである。
エ 最高裁判所裁判官を国民が審査する権利は，参政権の１つである。

2 41%

日本では，司法制度改革の１つとして，2009年から国民が裁判官といっしょに裁判の審理・評決に加わる制度が実施されている。この制度の名称を書きなさい。　　　　　　〈福島県〉

3

次の文を読み，下の図を見て，あとの問いに答えなさい。

> わが国では，国会，内閣，a裁判所がそれぞれ立法権，行政権，司法権を担っている。このしくみをb三権分立という。

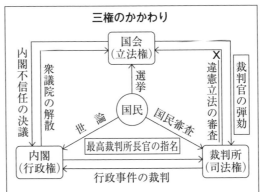

三権のかかわり

国会（立法権）
内閣不信任の決議
衆議院の解散
違憲立法の審査　X
裁判官の弾劾
選挙
世論
国民
国民審査
最高裁判所長官の指名
内閣（行政権）
裁判所（司法権）
行政事件の裁判

(1) 下線部**a**について，図中の線**X**の違憲立法の審査とは，どのようなことか。「法律」ということばを使い，簡単に書きなさい。　　　　　　　　　　　　　　　　　　〈北海道・改〉 30%

(2) 下線部**b**のねらいについて，次の文の［　　　　　　］にあてはまる内容を簡潔に書きなさい。　　　　　　　　　　　　　　　　　　　　　　　　　　　　　　　　　　　　〈長崎県〉 30%

> 三権分立は，一つの機関に［　　　　　　　　］，国民の自由や権利を尊重する民主政治を守るねらいがある。

例　題

次の文は、選挙制度とその課題についてまとめたものである。この文を読んで、あとの問いに答えなさい。　〈青森県・改〉

正答率
↓

(1)
39%

(2)
30%

> 　衆議院の総選挙は、1つの選挙区で1人の代表者を選出する小選挙区制と、得票数に応じてそれぞれの（　a　）に議席を配分する比例代表制を組み合わせて行われている。選挙の課題としては、選挙区における1票の価値の問題や b 選挙に行かない棄権(きけん)が多くなっていることなどがあげられる。

〔1〕（　a　）にあてはまる語を書きなさい。
〔2〕下線部 b について、近年、投票しやすくするためにできるようになったことは、投票時間が延長されたことのほかに何があるか、1つ書きなさい。

ミスの傾向と対策

（1）小選挙区制と比例代表制のしくみをきちんと理解していないと、正しい語句が出てこないと考えられる。小選挙区制は1選挙区から1人を選出するしくみで、投票の対象は候補者個人である。比例代表制は政党の得票数に応じて当選者を確定するしくみで、投票の対象は政党（参議院では候補者に投票することも可能）である。

（2）選挙のしくみをおさえておくことが大切。また、日ごろからニュース・新聞などに接していれば、国政選挙や地方選挙などの際に期日前投票といった言葉を知る機会が多くなる。

解　答　〔1〕政党　　〔2〕（例）期日前に投票ができる。（不在者投票ができる。）

入試必出！ 要点まとめ

■民主的な選挙の原則
直接選挙…議員を直接選出する
平等選挙…一人一票
秘密選挙…無記名で投票
普通選挙…一定の年齢に達したすべての国民が
　　　　　　投票権を持つ

■選挙の問題点
●**一票の重み**…議員1人あたりの有権者の割合。選挙区ごとに格差があり、平等権に反するとの意見もある。
●**投票率の伸び悩み**…政治に対する無関心などで棄権する人が少なくない。
↓
投票時間の延長や期日前投票制度、外国在留者の在外投票の拡充などの対策がとられている。

■選挙制度
小選挙区制…1選挙区から1人を選出。

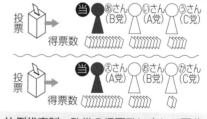

比例代表制…政党の得票数に応じて配分。

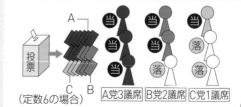

（定数6の場合）　A党3議席　B党2議席　C党1議席

1 29%　ゆきさんは，2019年の参議院議員選挙について調べ，若い世代の投票率が他の世代よりも低いことに気付いた。この課題について，**図1**，**図2**をふまえ，どのような解決策が考えられるか，簡潔に書きなさい。　　　　　　　　　　　　　　　　　　　　　　　　〈栃木県〉

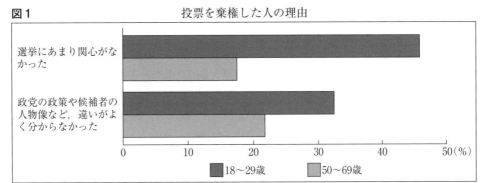

図1　　　　　　　　　　　投票を棄権した人の理由

選挙にあまり関心がなかった

政党の政策や候補者の人物像など，違いがよく分からなかった

0　　10　　20　　30　　40　　50（％）

■18〜29歳　■50〜69歳

（「参議院議員選挙全国意識調査」により作成）

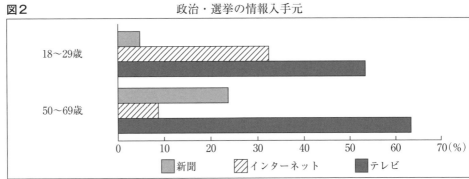

図2　　　　　　　　　　　政治・選挙の情報入手元

18〜29歳

50〜69歳

0　　10　　20　　30　　40　　50　　60　　70（％）

■新聞　▨インターネット　■テレビ

（「参議院議員選挙全国意識調査」により作成）

2 29%　衆議院議員選挙の比例代表制に関して，右の表はある比例区の投票結果である。表中の，**A〜E**の各政党に配分される議席数をそれぞれ答えなさい。ただし，この比例区の定数は6議席，議席の配分方法はドント式（方式）によるものとし，議席が配分されない場合は0人と答えること。　　　　〈鳥取県〉

政党名	得票数
A党	540,000票
B党	330,000票
C党	240,000票
D党	210,000票
E党	150,000票

（A〜E党の立候補者数は，すべて6人とする。立候補者数は，各政党が提出した候補者名簿に記載された人数を表す。）

3 差がつく!! 21%　次の文章は，衆議院議員選挙のしくみについて述べたものである。文章中の　　　　にあてはまる適当なことばを，「政党」「得票」の二つの語を用いて25字以内（読点を含む。）で書きなさい。　　　　　　　　　　　　　　　　　　　　　　　　　　　　　　　　　　　　〈千葉県〉

> 　衆議院議員選挙は，小選挙区制と比例代表制とを組み合わせた小選挙区比例代表並立制で行われる。小選挙区制では，選挙区ごとに一人の議員が選出される。また，比例代表制では，有権者が　　　　　を配分するしくみがとられている。

例 題

正浩さんは，自分が住む市の「子ども議会」に参加し，そのときのようすを，次のようにまとめた。これを読んで，あとの問いに答えなさい。　　　〈宮城県〉

正答率

(1)
49%

差がつく!!

(2)
18%

議長のあいさつ

　今日はみなさんに，a市議会を体験していただくことで，地域の問題や民主的な議会の運営について理解を深めてもらいたいと思います。

市長のあいさつ

　b「地方自治は民主主義の学校」という言葉があります。みなさんには，ぜひ今後も市政に関心を持っていただき，私たちの市をよりよくするために力を貸していただきたいと思います。

〔1〕下線部aに関連して，市議会が定めたものとして，正しいものを，次のア～エの中から1つ選び，記号で答えなさい。

　ア　住民基本台帳法　　　イ　震災対策条例
　ウ　子どもの権利条約　　エ　政権公約

〔2〕下線部bについて，正浩さんは，この言葉で，地方自治では議会の解散などを直接請求することが認められていることを思い出した。このことを参考にして，なぜ「地方自治は民主主義の学校」といわれるのか，簡潔に述べなさい。

ミスの
傾向と対策

〔1〕　正答率は比較的高いが，「住民」という言葉が入っていることからアを選んでしまうミスが考えられる。アは法律なので，国会が制定する。ウは条約なので，締結するのは内閣，承認するのは国会の仕事である。エは政党が選挙に際して発表する政策や方針。市議会すなわち地方議会の権限は，法律の範囲内で条例を制定することである。

〔2〕　何となくわかるが，文章で説明することがむずかしいと考えられる。国民主権の原則と同じで，地方の政治の主人公は住民である。また，地方の政治では，国の政治と比べて直接民主制が広く採用されているのも，住民自身が政治に直接参加する機会を保障しているからである。民主主義は国民（住民）が政治の主人公である。ゆえに，地方自治を通じて民主政治の基本が身につく。

解答　**〔1〕イ　〔2〕（例）自分たちの住む地域の問題を，住民が民主的に解決していくことを学べるから。**

入試必出! **要点まとめ**

■ **数字に注意**

● **被選挙権**…知事は30歳以上
　市（区）町村長・地方議会議員は25歳以上
● **任期**…首長・地方議会議員ともに4年

■ **直接請求権**（必要な署名数）

条例の制定・改廃	有権者の50分の1以上
監査	
議会の解散，首長・議員などの解職	※有権者の3分の1以上

※一部の地方公共団体では例外がある。

1 37%

次の文章は，山田さんが参加した「中学生議会」の様子の一部をまとめたものである。文章中の□□□に当てはまる，財政や行政の効率化などを目指した政策を何というか。下の**表**を参考にして書きなさい。〈山梨県〉

> 山田：今回の中学生議会への参加をとおして，地域の課題や民主的な議会運営についての理解を深めたいと思います。
>
> 市長：私たちの市は，財政や行政の効率化（こうりつ）などを目指した□□□により誕生しました。

表　山梨県の地方公共団体数の推移

年	1950年	1955年	1975年	2005年	2015年
数	192	88	64	36	27

（「山梨県統計年鑑」より作成）

2 29%

右の資料は，地方公共団体（地方自治体）の収入（歳入）を表している。資料について述べた文として適切なものを，次の**ア～エ**の中から一つ選び，その記号を書きなさい。〈青森県〉

[2021年度]
その他 8.9
地方債 12.5
国庫支出金 16.6
90.2兆円
地方税 42.5%
地方交付税交付金 19.5

（「日本国勢図会2021/22」による）

ア　地方税は，地方公共団体が自由に使える独自の財源であり，所得税や市町村民税がふくまれる。

イ　地方交付税交付金は，義務教育や道路整備など特定の費用の一部を国が支払うものである。

ウ　国庫支出金は，地方公共団体間の財政格差をならすために国から配分される。

エ　地方債は，地方公共団体が民間などから借り入れるお金のことである。

3 29%

光さんは，全国の多くの自治体で活用されているネーミングライツ制度について，**資料1**，**資料2**を見つけ，次のように発表原稿にまとめました。**資料1，2**をもとに，①，②に入る適切な内容を書きなさい。〈宮崎県〉

> **資料1**　公共施設に関する費用について
>
> 　公共施設には，土地の取得や建築費用のほかに，毎年の施設維持・運営費用，耐震化等に対応する修理費用などが発生する。
>
> 　このため，地方自治体が公共施設の維持・運営を計画する際は，建築費用の2～3倍程度を見込む必要があるといわれている。
>
> （「公共施設の台帳整備に関する調査研究」より作成）

> **資料2**　ネーミングライツ制度に関する資料（一部）
>
> ・充実した施設の利用
> ・市民サービス全体の向上
> 地域住民
> ・持続的な施設の整備
> ・施設の魅力向上
> 地方自治体（公共施設）
> 地域の活性化
> 企業
> ・宣伝効果
> ・地域貢献
>
> （「横浜市ホームページ」他より作成）

> 光さんの発表原稿（一部）
>
> 　**資料1，2**から，ネーミングライツ制度は，宣伝効果や地域貢献を考える企業から地方自治体が安定的に　①　ことができるだけでなく，地方自治体・地域住民・企業の三者それぞれに　②　ことにより，地域の活性化につながる取り組みだと思います。

例題

正答率

(1)
48%

(2)
46%

わが国の国民の消費活動に関する次の**図**や**資料**をみて，次の問いに答えなさい。

〈福岡県〉

〔1〕 **図**は，クレジットカードを利用して商品を購入するしくみの一例を示し，①～④は，その手順を示している。図をみて，クレジットカードを利用するときの便利な点と注意すべき点を，「現金」と「支払い能力」の語句を使って書きなさい。

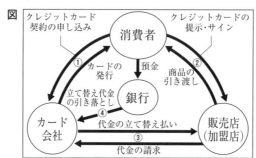

図

〔2〕 右の**資料**が示す通知書は，消費者の保護を目的とする制度に用いられる。この制度の内容を，「訪問販売などで」の書き出しで書きなさい。

資料

```
              通知書
契約年月日　令和○年○月○日
商 品 名　　○○○○
契 約 金 額　　○○○円
販売会社名　　○○株式会社
　上記契約は取り消します。なお，
支払済の○○○円を返金し，商品
を引き取ってください。
令和○年○月○日
　　住所　　○○県○○市○○町
　　氏名　　○○○○
```

（福岡県消費生活センター広報紙から作成）

ミスの
傾向と対策

〔1〕　必要な情報は図にあるが，それを文章にまとめることがむずかしいと考えられる。便利な点は，消費者と販売店の関係に着目する。注意すべき点は，消費者の銀行預金が最終的な支払い手段となっている点から考える。
〔2〕　しばしば耳にするクーリング・オフの制度であるが，説明は簡単ではない。資料の「契約は取り消します」と「商品を引き取ってください」に着目す

る。消費者の保護が目的であることを忘れないようにする。

解答　〔1〕便利な点－（例）現金を使わずに商品を購入することができること。　注意すべき点－（例）支払い能力の範囲内で，計画的に利用すること。　〔2〕（例）（訪問販売などで）購入した商品の契約を，一定期間内に取り消すことができる。

🌳🌳🌳 入試必出！ **要点まとめ**

■ 消費者の保護
● **クーリング・オフ**…訪問販売などの被害の救済
● **製造物責任 (PL) 法**…商品の欠陥による被害の救済

■ 市場価格
需要量が供給量を上回る→**価格上昇**
供給量が需要量を上回る→**価格下落**

1 48%　ものやサービスの価格のなかには，電気・ガス・水道などの料金やバス・鉄道などの運賃のように，国や地方公共団体の認可や議決などによって決められるものがある。この価格を何というか，書きなさい。〈高知県〉

2 なみさんは，ものやサービスの価格などについて調べた。次の問いに答えなさい。〈奈良県〉

48%　(1) 右の資料は，なみさんが見つけた新聞記事の見出しである。資料において，サンマの価格が下落したのはなぜか。「需要量」，「供給量」の語を用いて簡潔に書きなさい。

> **サンマ 豊漁で価格下落**
> 前月の4分の1に
> 食卓は歓迎，漁業者悲鳴
> 〈新聞記事より〉

35%　(2) なみさんは，社会科の授業で市場の独占について学習し，独占禁止法が市場の独占を禁止していることを知った。市場の独占を禁止しているのはなぜか。簡潔に書きなさい。

3 45%　市場経済について，右の資料にあるように，需要曲線は一般的に右下がりになる。その理由を「価格」と「需要量」という語を使って簡潔に説明しなさい。〈宮崎県〉

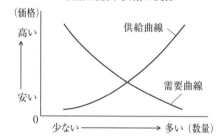

価格と需要・供給の関係

4 26%　図は，ある地方の月別観光客数を示している。また，表は，その地方の旅館の宿泊料金である。宿泊料金はどのように設定されたか，何が需要量にあたるかを示しながら，簡潔に書きなさい。〈秋田県〉

図 月別観光客数（5年間平均）

表　旅館の宿泊料金

期　間	一人分の宿泊料金
特別日A(7/20〜8/20)	14,700円
特別日B(4/29〜5/ 5) (12/30〜1/3)	12,600円
上記以外の日	9,450円

5 差がつく!! 6%　消費者の権利，義務など必要な情報の提供を事業者に義務づけ，悪質業者が事実と異なる説明をしたことなどによる契約上のトラブルから消費者を守るため，2000年に公布，2001年に施行された法律を何というか，書きなさい。〈栃木県〉

例題

金融について，次の問いに答えなさい。

[1] 政府の財政政策と日本銀行の金融政策について述べた文として正しいものを，次のア〜エから1つ選び，記号で答えなさい。　〈宮崎県〉

　ア　政府は，不景気のときには，デフレーションのおそれがあるので，増税を行う。

　イ　政府は，好景気のときには，インフレーションの危険があるので，公共投資を増やす。

　ウ　日本銀行は，不景気が深刻なときには，通貨量を増やす。

　エ　日本銀行は，景気が良いときには，銀行が持つ国債などを買い上げる。

[2] 銀行に預金したなみさんは，銀行の役割について考えた。銀行はどのような役割を果たしているか。次の資料を参考に，簡潔に書きなさい。　〈奈良県〉

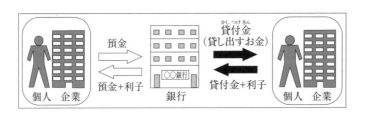

正答率↓

(1) 39%

差がつく!!

(2) 24%

ミスの傾向と対策

[1] 金融政策が実際にどのような効果で景気に作用するのかが見えにくいので，やや難しい。日本銀行は，不景気のときには通貨量を増やし，経済活動を活発にしようとするので，**ウ**が正解。**エ**の日本銀行による国債などの買い上げは，一般の銀行の資金量を増やすはたらきがあり，不景気のときに行われる。好景気のときは，日本銀行は国債などを売って，銀行の資金量を減らす。

[2] 銀行の一般的な役割を論理的に述べるのはむずかしい。個人・企業のお金を預かり，個人・企業にお金を貸すのであるが，この個人・企業がそれぞれどのような性格をもっているかを考える。銀行に預ける側はお金に余裕がある。他方，銀行からお金を借りる側はお金を必要とする。余裕がある個人・企業と必要とする個人・企業の間で，資金の融通をするのが銀行である。

解答

(1) ウ

(2)（例）資金に余裕のある個人や企業からお金を預かり，資金を必要とする個人や企業に貸し出す，金融のなかだちの役割。

入試必出! 要点まとめ

■日本銀行

- **中央銀行**…金融機関の中心
- **発券銀行**…日本銀行券（紙幣）を発行
- **銀行の銀行**…民間銀行と資金をやりとり
- **政府の銀行**…政府の資金の出し入れをする
- **金融政策**…景気の調節にあたる

■為替相場〔為替レート〕

1ドル＝100円が1ドル＝80円になる

↓

円高…輸出が不利になる

1ドル＝80円が1ドル＝100円になる

↓

円安…輸入が不利になる

1 45%　千円札などの紙幣を発行しているのは日本銀行である。日本銀行のように，発券銀行としての役割など，国全体の立場からの活動を行う特別な銀行を一般に何というか。その名称を書きなさい。　〈埼玉県〉

2 44%　次の図は，金融のはたらきについてまとめたものである。下線部**X**により行われる公開市場操作について述べた次の文の｜　｜a，bのそれぞれにあてはまることばを，**ア**，**イ**の中から選び，記号で答えなさい。〈北海道・改〉

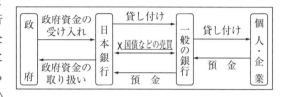

　　日本銀行は，景気の安定をはかるため，例えば不況のときには，国債などをa ｜**ア**　一般の銀行から買う　　**イ**　一般の銀行に売る｜ことにより，一般の銀行が持つ通貨量をb ｜**ア**　増やそう　　**イ**　減らそう｜とする。

3 42%　日本銀行の役割について説明した次の□□□中の□□□□□にあてはまる文を，あとの①〜④の条件を満たした一文で書きなさい。　〈神奈川県〉

　　日本銀行は「銀行の銀行」として，金融機関にさまざまな働きかけを行っている。不景気のときには金融機関の金利が低くなるようにする。これによって，□□□□□。
　　こうすることで企業の生産活動が活発になり，景気がよくなることにつながる。一方，好景気のときには，これと逆の働きかけを行うことで，景気の行き過ぎを抑える。このように，景気の調整をはかることは日本銀行の重要な役割である。

①　書き出しは「**企業は金融機関から**」という語句に続けて書き，文末の「**なる。**」という語句につながるように書くこと。
②　書き出しと文末の語句の間の文字数が**7字以上13字以内**となるように書くこと。
③　「**資金**」という語を必ず用いること。
④　句読点などもそれぞれ1字と数えること。

4 差がつく!! 25%　次の文中の**A**，**B**にあてはまる最も適当な語を，それぞれ書きなさい。**B**については，**漢字2字**で書きなさい。　〈千葉県〉

　　出国にあたり，あらかじめ日本の円を外国の通貨に交換することがある。この際の通貨と通貨の交換比率のことを　**A**　相場という。　**B**　になると日本では輸入品の価格が安くなるが，日本からの輸出品は海外で割高になり，一般に輸出関連企業にとっては不利になる。

次の問いに答えなさい。

例題

正答率
↓

(1)
37%

(1) 右の資料は令和３年度の日本の一般会計歳入の構成である。資料中のPに入る語句を，「○○税」にあてはまるように漢字２字で書きなさい。　〈兵庫県〉

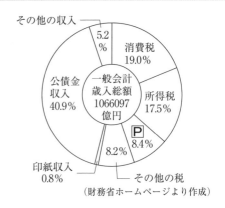

その他の収入 5.2%
消費税 19.0%
公債金収入 40.9%
一般会計歳入総額 1066097億円
所得税 17.5%
P 8.4%
その他の税 8.2%
印紙収入 0.8%
〈財務省ホームページより作成〉

(2)
31%

(2) 我が国における財政の役割として，最も適当なものを，次の**ア**～**エ**から一つ選び，その符号を書きなさい。　〈新潟県〉

ア 経済のグローバル化に対応するため，直接，海外に進出して事業を営む。

イ 民間企業だけでは十分に供給できないものやサービスを国民に提供する。

ウ 手形や国債の市場での売買により，通貨量を調整して景気を安定させる。

エ 農産物のすべての市場価格を決定し，国内の食料の安定供給を確保する。

ミスの傾向と対策

(1) 所得税・消費税に次いで大きな割合をしめている税金であることに着目する。Pは企業が納める法人税で，納税者と担税者が同じ直接税である。所得税のように，収入が多くなるほど高い税率を課す累進課税は適用されていない。法人税と所得税が直接税であるのに対し，消費税は納税者と担税者が異なる間接税である。

(2) 財政とは，政府による経済活動であるから，政府以外の機関による政策を選ばないように注意する。**イ**は社会資本や社会保障などを提供することで，財政の重要な役割である。**ア**は民間企業，**ウ**は日本銀行が行う。また，**エ**は社会主義国家の政府が行うこと。日本は資本主義の国である。

解答 (1) 法人 (税)
(2) イ

入試必出！ 要点まとめ

■ 国税の内訳 (2020年度，当初予算)

酒税 1.9
揮発油税 3.2
その他 7.5
間接税等
納税者と担税者が異なる
個人の収入に課税
所得税 28.7%
直接税
納税者と担税者が同じ
消費税 31.9
44.5
55.5
法人税 17.7
企業の収入に課税
商品の購入に対して課税
その他 5.7
相続税 3.4
総額68兆519億円
（「日本国勢図会2021/22年版」より作成）

■ 財政・金融政策のまとめ

	不景気	景気過熱
政府	減税 財政支出拡大	増税 財政支出削減
日本銀行	国債などを買い取り，市中銀行の資金量を増やす	国債などを売却し，市中銀行の資金量を減らす

1 45%
右の資料は家計・企業・政府の関係を示しており，下の文は，景気とわたしたちの生活についてまとめたレポートの一部である。文中の下線部の政策は，資料中の**ア〜エ**のどの関係において行われるか。最も適当なものを1つ選び，記号で答えなさい。ただし，**X，Y，Z**には家計・企業・政府のいずれかがそれぞれ入るものとする。

資料　家計・企業・政府の関係

〈千葉県〉

> わたしたちの生活は景気に大きく影響される。例えば，不況の状態になると，商品の売れ行きは悪くなり企業の生産活動が落ち込むため，賃金の低下や失業により生活が苦しくなる。そこで，政府は，減税を行ったり公共投資（公共事業の支出）を増加させたりして，企業や家計の経済活動が活発になるようにする。

2 44%
次の**ア〜エ**の中で，地方税に**あたらないもの**はどれか。1つ選び，記号で答えなさい。
ア　自動車税　　**イ**　相続税　　**ウ**　事業税　　**エ**　固定資産税　　〈福島県〉

3 36%
次の**資料**は，我が国の歳出の項目別割合の推移を表したものである。**資料**中の**a〜c**に当てはまることばの組み合わせとして正しいものを，下の**ア〜エ**から一つ選び，その記号を書きなさい。　　〈高知県〉

資料

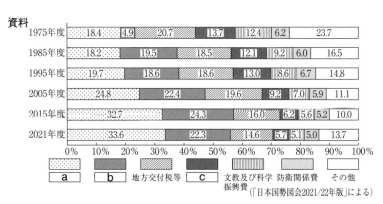

年度	a	b	地方交付税等	c	文教及び科学振興費	防衛関係費	その他
1975年度	18.4	4.9	20.7	13.7	12.4	6.2	23.7
1985年度	18.2	19.5	18.5	12.1	9.2	6.0	16.5
1995年度	19.7	18.6	18.6	13.0	8.6	6.7	14.8
2005年度	24.8	22.4	19.6	9.2	7.0	5.9	11.1
2015年度	32.7	24.3	16.0	6.2	5.6	5.2	10.0
2021年度	33.6	22.3	14.6	5.7	5.1	5.0	13.7

（「日本国勢図会2021/22年版」による）

ア　**a**－国債費　**b**－公共事業関係費　**c**－社会保障関係費
イ　**a**－国債費　**b**－社会保障関係費　**c**－公共事業関係費
ウ　**a**－社会保障関係費　**b**－国債費　**c**－公共事業関係費
エ　**a**－社会保障関係費　**b**－公共事業関係費　**c**－国債費

4 35%
税金による収入や公共事業への支出は，国や地方公共団体の景気対策として，増やされたり減らされたりすることがある。このような政策を何というか，書きなさい。　　〈宮城県〉

例題

正答率
↓

(1)
34%

(2)
33%

次の問いに答えなさい。

(1) 国民の納める保険料や税金をもとに，65歳以上の高齢者などが少ない負担で在宅や施設でのサービスを受けることができる制度が，2000年4月より実施されている。この制度は何か。書きなさい。　　　　　　〈福島県〉

(2) (1)の制度では，財源のうちの50％を国と地方公共団体とで負担することになっている。次のグラフは，15歳以上64歳以下と65歳以上の人口の予想を示している。今後，国と地方公共団体にとって，どのような財政上の課題が生じることが予想されるか。グラフをもとに，簡潔に書きなさい。

〈広島県・改〉

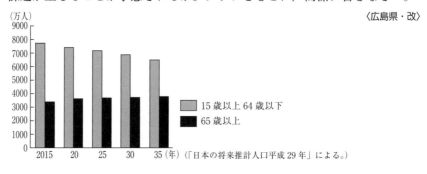

ミスの
傾向と対策

(1) 高齢化社会と関係の深い制度であるが，具体的な名称はむずかしいと考えられる。高齢者がサービスを受ける制度であること，2000年4月から実施されていることなどに着目する。社会保障制度の4つの柱のうちの社会保険に含まれる制度である。

(2) どの年齢層が増減するかに着目する。

解答 **(1) 介護保険制度　(2)（例）15歳以上64歳以下の人口が減ることによって税収が減り，65歳以上の人口が増えることによって介護にかかる費用が増える。**

入試必出！ 要点まとめ

■ 社会保障制度と負担の問題

グラフなどの資料をもとに，将来の課題などを述べる設問がしばしば出される。

少子高齢社会

生産年齢人口の減少　　高齢者の増加
↓　　　　　　　　　　↓
費用を負担する層が　　サービスにかかる費
減少　　　　　　　　　用が増大
↓　　　　　　　　　　↓

負担の問題が深刻になる

■ 環境保全

政府が定めた環境保全のための法律

● **公害対策基本法**…1967年。公害の防止をはかる
● **環境基本法**…1993年。環境問題に総合的に対処
● **循環型社会形成推進基本法**…2000年。ごみ問題

■ 労働三法

● **労働組合法**…1945年。労働三権（団結権・団体交渉権・団体行動権）を具体的に定める
● **労働関係調整法**…1946年。労働者と使用者との間の紛争の解決方法を定める
● **労働基準法**…1947年。賃金・労働時間など労働条件の最低基準を定める

1 41%

次の文は環境基本法の一部である。下線部に関連して，法律で定められた制度により，事業者には，開発にあたって事前に環境への影響を調査することが義務づけられている。このことを何というか，書きなさい。 〈山形県〉

> 国は，_事業者_，国民又はこれらの者の組織する民間の団体が自発的に行う緑化活動，再生資源に係る回収活動その他の環境の保全に関する活動が促進されるように，必要な措置を講ずるものとする。

2 35%

日本の労働環境に関連して，Ｐさんは，次の雇用形態別の労働者に関する**グラフ１**と**グラフ２**をつくった。**グラフ１**と**グラフ２**のそれぞれから読みとれる非正規労働者の特色について，正規労働者と比較して簡潔に書きなさい。 〈埼玉県〉

グラフ１　2001年と2020年における雇用形態別の労働者の割合の変化

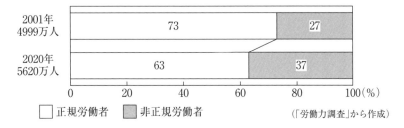

グラフ２　2020年における雇用形態別の労働者の年齢別賃金

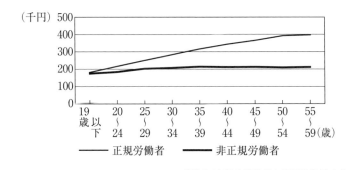

（「令和2年賃金構造基本統計調査」から作成）

3 29%

次の表の　X　は，労働者と使用者の対立を予防したり解決したりするための法律である。　X　にあてはまる法律名を書きなさい。 〈山形県〉

まとめ	〈労働者にかかわる法律〉 労働三法 ─労働基準法 ─労働組合法 ─ X

国際連合について，次の問いに答えなさい。　　　　　〈佐賀県〉

例題

正答率
↓

(1)
32%

(2)
29%

(3)
33%

〔1〕 国際連合について述べた文として正しいものを，次のア～エの中から1つ選び，記号で答えなさい。

ア　第一次世界大戦の反省のうえに，世界の平和を維持することを目的として発足した。

イ　現在およそ190か国が加盟しており，本部は，ワシントンに置かれている。

ウ　総会，事務局，国際司法裁判所および3つの理事会などの主要機関が設けられている。

エ　国家間の紛争解決のために軍を派遣するが，民族間の紛争には派遣しない。

〔2〕 安全保障理事会では，1980年代までその機能が十分に果たされない時期があった。**資料1**と**略年表**を参考にし，拒否権発動の背景にふれながらその理由を簡潔に書きなさい。

資料1　安全保障理事会常任理事国の拒否権発動回数

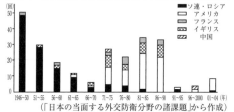

（「日本の当面する外交防衛分野の諸課題」から作成）

略年表

年代	できごと
1945年	アメリカが原爆を保有する
1949年	ソ連が原爆を保有する
1950年	朝鮮戦争が始まる
1965年	ベトナム戦争が激化する
1979年	ソ連のアフガニスタン侵攻が始まる
1989年	東西陣営の対立が終結する

〔3〕 次の**資料2**と**資料3**は，国際連合の財政に関するグラフである。これらから読み取れる国際連合の財政上の問題点について，簡潔に書きなさい。

資料2　国際連合と地方公共団体の財政規模の比較（2016年）

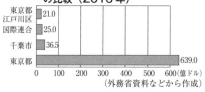

（外務省資料などから作成）

資料3　国際連合通常予算の分担率（%）（2022年）

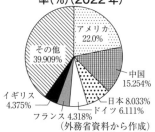

（外務省資料から作成）

ミスの傾向と対策

〔1〕 国際連合についての細かい知識が必要なのでむずかしいと考えられる。**ア**は国際連盟のことである。**イ**について，本部はニューヨークである。**エ**について，民族間の紛争にも派遣されている。なお，**ウ**の3つの理事会は安全保障理事会・経済社会理事会・信託統治理事会（現在，活動停止中）である。

〔2〕 アメリカとソ連の対立を軸とした冷戦の構造に着目する。

〔3〕 **資料2**の意味をとらえることがむずかしい。ここでは国際連合の財政規模の面から考える。**資料3**では，特定の国に負担が集中している点に注目する。

解答 〔1〕ウ　〔2〕（例）冷戦時代にはアメリカとソ連が対立していたため，拒否権の発動により，議決できないことがあったから。　〔3〕（例）財政規模が小さく，一部の国の負担が大きい。

1 39%
グローバル化が進む世界では，様々な課題の解決に向けて，各国が協力して取り組むことが求められている。世界の貿易に関する各国の利害を調整するために，1995年に設立された国際機関をアルファベットの大文字3字で書きなさい。　　　　　　　　　　　　〈兵庫県〉

2
次の略年表を見て，あとの問いに答えなさい。　　　　　　　　　　　　　　　　　〈新潟県〉

年代	で　き　ご　と
1951	サンフランシスコ平和条約が結ばれる。
1956	日本がa国際連合に加盟する。
1973	石油危機が起こる。
1979	国際連合で女子差別撤廃条約が採択される。
1989	冷戦の終結が宣言される。
1992	b地球サミットが開催される。

 19%
(1) 下線部分aについて，難民の保護や食料支援などの救援活動に取り組んでいる国際連合の組織の略称として，最も適当なものを，次のア～エから一つ選び，その記号を書きなさい。

　ア　UNICEF　　イ　UNHCR　　ウ　UNCTAD　　エ　UNESCO

49%
(2) 下線部分bについて述べた文として，最も適当なものを，次のア～エから一つ選び，その記号を書きなさい。

　ア　持続可能な開発や社会の実現のための具体的取組について話し合われた。
　イ　先進国の国別に温室効果ガスの排出削減目標が定められた。
　ウ　核保有国以外の国々による核兵器の保有を禁止することが合意された。
　エ　植民地支配の反対や民族独立，平和共存などの方針が確認された。

3 38%
安全保障理事会では，平和維持に関する決定を行う際に，拒否権のしくみがとられている。「拒否権のしくみ」とはどのようなことか，簡潔に書きなさい。　　　　　　　　〈栃木県〉

4 14%
国際連合の主要機関について，下の**資料**の　X　にあてはまる，国と国との争いを法に基づいて解決するなどの役割を担う機関の名称を書きなさい。　　　　　　　　　　　〈鹿児島県〉

資料　国際連合の主要機関

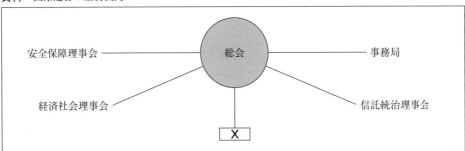

資料を使った問題（論述）

例題

正答率

↓

差がつく!!

25%

みどりさんは店長から「国全体で働き手が不足している」という話を聞き，この課題について考えようとした。**図1**，**図2**は，みどりさんがこの課題を考えるために用意した資料である。**図1**，**図2**をふまえ，どのような解決策が考えられるか，簡潔に書きなさい。　〈栃木県〉

図1　日本の生産年齢人口と在留外国人の推移

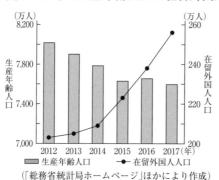

（「総務省統計局ホームページ」ほかにより作成）

図2　スーパーにおけるセルフ精算レジの設置状況

	ほぼ全店舗に設置	一部店舗で設置	設置していない
2017年	7.8%	26.4%	65.8%
2018年	16.1%	32.8%	51.1%

（「スーパーマーケット年次統計調査」により作成）

ミスの傾向と対策

図1からわかることは，日本の生産年齢人口が減少を続けていることである。したがって，スーパーマーケットに限らず国全体で働き手は今後も不足する。その一方で，在留外国人数は年々増加している。そこで，在留外国人を働き手として活用するという方法が考えられる。**図2**からは，人手不足を補うためにセルフ清算レジを設置するスーパーが増えていることが読み取れる。

解答

（例）生産年齢人口が減少しているので，労働者の不足を補うために，在留外国人を労働者として雇用するとともに，セルフ精算レジの設置をすすめる。

入試必出！　**要点まとめ**

■ よく出題される資料

地方公共団体の歳入とその内訳

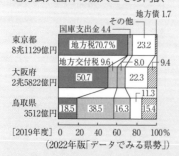

（2022年版「データでみる県勢」）

地方ほど自主財源がとぼしく，国からの補助金に依存していることを読み取る。

累進課税の税率

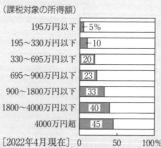

[2022年4月現在]

所得が多くなるほど高い税率が適用されていることを読み取る。

国際連合の加盟国数の推移

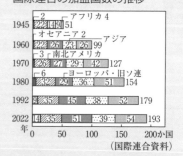

（国際連合資料）

1960年代はアフリカ，1980〜90年代以降はヨーロッパ・旧ソ連諸国が増えている。

1 39%

世界のさまざまな問題の一つに地球温暖化問題があげられる。2015年に採択されたパリ協定では，発展途上国を含むすべての参加国が温室効果ガスの削減目標を定め，地球温暖化を抑える対策をすすめることで合意した。しかし，合意するまでには，排出削減をめぐり先進国と発展途上国の間で意見の対立もあり長い時間がかかった。**資料1**のような意見に対して，発展途上国は，どのような意見を述べていたと考えられるか。**資料2**をもとにして書きなさい。

〈鹿児島県〉

資料1 温室効果ガスの排出削減をめぐる先進国の主な意見

地球温暖化は人類共通の課題である。発展途上国の中にも急速な工業化で温室効果ガスを多く排出している国もあり，すべての国が排出削減を行うべきである。

資料2 二酸化炭素の累積排出量（1850〜2005年）の割合

その他 5.6%
カナダ 3.0%
インド 3.1%
フランス 3.9%
日本 5.1%
イギリス 8.2%
ドイツ 9.5%
ロシア 10.9%
中国 11.2%
アメリカ 39.5%

（独立行政法人国際協力機構の資料から作成）

2

真一さんは，社会保障に関して，**資料1，2，3**を見つけ，日本の社会保障の在り方について，下のように発表原稿にまとめました。**資料1，2，3**をもとに，①，②に入る適切な内容を書きなさい。

〈宮崎県〉

資料1 高齢社会に関する資料

○ 介護や看病などの生活の支えが必要な※高齢者の世帯数
※ 一人暮らしおよび夫婦のみの世帯数

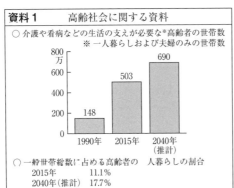

800
万
600
400
200
0

148　1990年
503　2015年
690　2040年（推計）

○ 一般世帯総数に占める高齢者の一人暮らしの割合
2015年　　　　11.1%
2040年（推計）　17.7%

（「令和2年版厚生労働白書」より作成）

資料2 社会保障の考え方について（一部）

私たちの人生には，重い病気になる，失業する，高齢によって介護が必要になるなど，生活が困難になるさまざまなリスク（望ましくないことが起こる可能性）が潜んでいる。

このような生活上のリスクに，世代をこえて社会全体で対応するしくみが社会保障制度である。

（「厚生労働省ホームページ」他より作成）

資料3 地域住民による活動（一部）

○ 一人暮らしの高齢者への声かけや見守り活動
○ 豊富な経験のある高齢者による地域の子育て支援

差がつく!!

① 7%

② 48%

真一さんの発表原稿（一部）

資料1，2から，生活上のリスクを抱える高齢者の増加が予想されるため，社会全体で対応する社会保障制度のいっそうの充実が求められます。同時に，公的な制度に加えて，**資料2**のようなリスクに対しては　①　ことや，**資料3**の地域活動のように，　②　ことを大切にして，すべての人が安心して暮らせる社会づくりを考えていく必要があると思います。

例　題

次の問いに答えなさい。　　　　　　　　　　　　　　　〈福島県〉

(1) 次の文は，「選挙で投票することの大切さ」について述べたものである。
　　　X　　にあてはまることばを，下の二つの語句を用いて書きなさい。

> わが国では，　X　という議会制民主主義をとっている。そのため，選挙で投票することは，私たち一人ひとりの考えを政治に反映させる大切な政治参加の一つである。

| 選挙　　議会 |

正答率

(1)
36%

差がつく!!

(2)
20%

(2) 次のグラフは日本の社会保障の財源の推移をあらわしている。また，下の文は，社会保障の財源についての課題を述べたものである。グラフを参考にして，　Y　にあてはまることばを，「社会保険料」という語句を用いて書きなさい。

グラフ　日本の社会保障の財源の推移

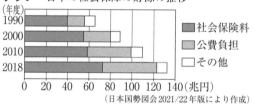

（日本国勢図会2021/22年版により作成）

> 1990年や2000年に比べ，2018年には社会保障の財源全体に対する　Y　ため，国や地方公共団体による公費負担の割合が大きくなっている。

**ミスの
傾向と対策**

(1)　議会制民主主義の意味を答える。

(2)　文章中の「社会保障の財源全体に対する」に続くことばを，前後とつながるように書く。「社会保険料」という語句を使用するという条件があるので，社会保障の財源全体に占める社会保険料の割合をグラフから読み取る。その金額は増えているが，割合は低下している。

解答　(1)（例）選挙によって選ばれた代表者が議会をつくって政治を行う
(2)（例）社会保険料の割合が小さくなっている

　**要点まとめ**

■ **資料をもとにした論述問題**

・写真や文章などからバリアフリーについて説明する→平等権，共生社会

・議員定数と有権者数から**一票の価値の不均衡**を説明する→平等権に違反

・入荷量と価格の関係のグラフから価格変動のしくみを説明する→**需要と供給の関係**

・所得税の課税対象額と税率から**累進課税**を説明する→負担の公平，所得の再分配

1 40%

政府は，大阪・関西万博が開催される2025年までに，キャッシュレス決済比率を40％にする目標を発表し，キャッシュレス決済を推進している。キャッシュレス決済とは，クレジットカード，電子マネー，スマートフォンなどを使って，現金を使用せずにお金を払うことである。**資料**は，キャッシュレス決済の推進の取り組みをまとめたものである。**グラフ1**は2005年，2015年，2025年の日本の総人口の推移と予測を，年少人口（0～14歳の人口），生産年齢人口（15～64歳の人口），老年人口（65歳以上の人口）に分けて示している。**グラフ2**は，2016年における，各国のキャッシュレス決済比率を示している。キャッシュレス決済の普及によっておこる問題点はあるが，利点もある。**資料，グラフ1，グラフ2**から考えられる，キャッシュレス決済が普及することで期待される，日本の事業者にとっての利点を，国内の雇用と外国人観光客の消費の面から，70字程度で書きなさい。　〈静岡県〉

資料
・政府は，キャッシュレス決済に対応した端末やレジを増やすため，補助金を出す制度を整えた。
・あるレストランチェーンには，テーブルにあるタブレット型端末で注文を行い，テーブルでキャッシュレス決済を行える店がある。
・観光地では，電子マネーやスマートフォンを使った支払いを取り入れた店が増えている。

グラフ1

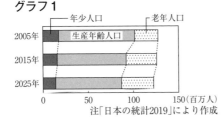

注「日本の統計2019」により作成

グラフ2

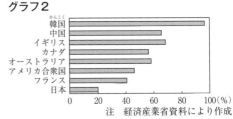

注　経済産業省資料により作成

2 37%

人権は，他の人権とのかかわりで制限を受ける場合もある。次の資料は，その例である。A氏，B氏の主張のもととなった権利として最も適切なものを，下の語群から1つずつ選び，その語を用いて，資料のような判決が下された理由を簡潔に書きなさい。　〈秋田県〉

　作家のA氏が書いた小説の内容をめぐり，登場人物のモデルとなったB氏が，小説には人に知られたくないことが書かれているとして，A氏を裁判所に訴えた。裁判の結果，B氏の主張した権利が認められ，A氏が主張した権利は制限を受けた。

語群	団結権	表現の自由	身体の自由	環境権
	請願権	居住の自由	プライバシーの権利	

3 32%

次の文中の　X　に適当な言葉を書き入れて文を完成させなさい。ただし，　X　には，確定　無罪　有罪　の三つの言葉を含めること。　〈愛媛県〉

　刑事裁判は，犯罪の事実があったかどうかを判断し，その事実があった場合はどのような刑罰を科すかを決める裁判であり，検察官が被疑者を被告人として裁判所に起訴することで始まる。刑事裁判では，被告人の人権を保障するため，被告人は，　X　と推定されることが原則である。

融合問題

次の略地図の**A～D**からいずれか1つの国を選び，あとの問いに答えなさい。

〈北海道〉

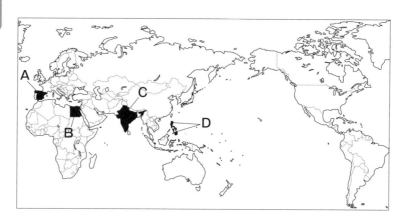

〔1〕 あなたが選んだ国を，**A～D**の記号で書きなさい。また，その国の首都の名を書きなさい。

〔2〕 次の文の**ア～エ**は，略地図の**A～D**の国のいずれかを説明したものです。あなたが〔1〕で選んだ国について説明した文を，**ア～エ**の中から1つ選び，記号で答えなさい。

　ア　大西洋に面したこの国は，15世紀にコロンブスを援助して新航路を開拓したことで知られている。

　イ　多くの人々がヒンドゥー教を信仰しているこの国は，現在世界の国々の中で2番目に人口が多い。

　ウ　ＡＳＥＡＮに加盟しているこの国は，近年日本が輸入するバナナの7割以上を日本に輸出している。

　エ　ナイル川が流れているこの国は，世界遺産に登録されたピラミッドがあることで知られている。

---

〔1〕　**A**のスペイン，**B**のエジプトの首都名は比較的やさしいが，**C**のインドと**D**のフィリピンの首都名はむずかしい。

〔2〕　**ア**について，「大西洋に面した」と「コロンブスを援助」に着目。**イ**について，「ヒンドゥー教を信仰」と「2番目に人口が多い」に着目。**ウ**について，

ASEANは東南アジア諸国連合のこと。バナナの輸出にも着目。**エ**について，ナイル川とピラミッドに着目。※インドの人口が中国を上回り，世界一になる見込みであることが2023年4月に発表された。

解答　〔1〕**A**ーマドリード　（**B**ーカイロ
Cーデリー　**D**ーマニラ）
〔2〕**A**ーア　（**B**ーエ　**C**ーイ　**D**ーウ）

 入試必出！要点まとめ

■ 地理・歴史融合問題でよく問われる世界遺産
● **栃木県**…日光の社寺
● **兵庫県**…姫路城　● **岩手県**…平泉
● **広島県**…原爆ドーム，厳島神社
● **沖縄県**…琉球王国のグスク及び関連遺産群

1 下の真歩さんと和人さんの意見は，**資料AとB**，または**資料AとC**の組み合わせのどちらかを選び，キーワードから視点を1つ選んで，その視点から2つの資料のつながりについて考え，説明したものである。それぞれの説明の①，②に入る適切な内容を書きなさい。

〈宮崎県・改〉

資料A　新聞の資料

日々発刊される新聞

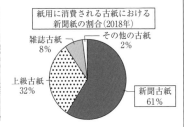

紙用に消費される古紙における
新聞紙の割合（2018年）

雑誌古紙 8%　　その他の古紙 2%
上級古紙 32%　　新聞古紙 61%

資料B　活版印刷に活用された活字

安土桃山時代にもたらされた活版印刷は，ルネサンスの三大発明とされ，当時，宗教改革の考えが広まるのを，後押しした。

資料C　製紙工場で生産される紙

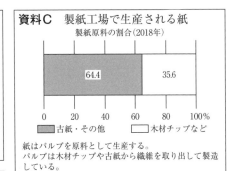

製紙原料の割合（2018年）

64.4　　35.6

0　20　40　60　80　100%
□ 古紙・その他　　□ 木材チップなど

紙はパルプを原料として生産する。
パルプは木材チップや古紙から繊維を取り出して製造している。

（「製紙会社のホームページ」他より作成）

キーワード：｜情報化｜・｜持続可能な社会｜

① 39%

私は**資料A**と**資料B**の組み合わせを選び，つながりを考えました。**資料A**と**資料B**は，紙に ① ので，情報化の視点で考えると，多くの人にその情報を伝えることができるという点で，同じことが言えると考えました。　　──真歩

② 49%

なるほど。いいと思います。私は**資料A**と**資料C**の組み合わせを選び，つながりを考えました。
資料Aと**資料C**は，紙の原料に古紙を多く再利用しているので，持続可能な社会の視点で考えると，｜ ② ｜という点で，同じことが言えると思います。　　──和人

2 差がつく!! 24%

次のA〜Dは，日本の環境問題に関して説明したものである。このうち，正しいものはいくつあるか。あとのア〜エの中から1つ選び，記号で答えなさい。

〈神奈川県〉

A　明治時代に銅山の鉱毒被害を議会で訴え，政府に救済策を求めたのは吉野作造である。

B　戦後に被害が深刻化した公害問題のうち，イタイイタイ病は富山県で発生した。

C　不要品や廃棄物などを資源として再利用することをリコールという。

D　戦後の公害問題等に対応するため，1967年に環境基本法が制定された。

ア　1つ　　イ　2つ　　ウ　3つ　　エ　4つ

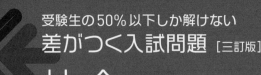

地理
世界の姿, 人々の生活と環境

解答
本冊
P. 9

1 ア

2 ア　**3** b

4 東京－ア　ニューオーリンズ－オ

解説

1 Aは西ヨーロッパに位置しているので, 適度に降水のある温帯の気候である。あてはまるのはア・ウであるが, Aは北半球にあるのでアである。南半球のDがウ。乾燥帯のBがエ, 冷帯（亜寒帯）のCがイである。

2 中心からの距離と方位が正しい正距方位図法の地図で, 中心は北極点である。したがって, 北極点から見た方位は正しく示される。ボゴタを中心に描かれていないので, ボゴタから見た方位はわからない。イについて, 地図から正しいと判断できる。ウについて, 中心からの距離と方位が正しい地図では, 中心からの最短経路は直線で表される。エについて, 地球上で北極の正反対に位置する南極大陸は描かれていない。よって, イ～エは正しく読み取られている。

3 南アメリカ大陸は, 北アメリカ大陸の真南ではなく, 東よりのおおよそ西経35度から西経80度の間に位置している。したがって, 北アメリカ大陸の東端を通っているbの西経60度の経線が南アメリカ大陸のほぼ中央を通っている。cは西経120度の経線で, 太平洋を通っている。

4 日本はおおよそ東経122度から154度の間に位置している。したがって, アが東京である。アメリカ合衆国（アラスカ州, ハワイ州を除く）はおよそ西経125度から西経60度の間に位置している。ニューオーリンズはそのほぼ中間に位置するので, 西経90度の経線上にあるオがあてはまる。

地理
日本の姿

解答
本冊
P. 11

1 午前3時　**2** エ　**3** ア　**4** エ

解説

1 経度の差を求めると, 135－15＝120度である。経度15度で1時間の時差が生じるので, 120÷15＝8より, フランスは日本より時刻が8時間遅れていることになる。午前11時の8時間前は午前3時である。

2 エについて, 山形県が東北地方に位置している点は正しいが, 中央部でなく北東部。3地方区分は日本を北東部, 中央部, 南西部に分けるもので, 北海道地方・東北地方が北東部, 関東地方・中部地方・近畿地方が中央部, 中国地方・四国地方・九州地方が南西部に属している。なお, 7地方区分は中国地方と四国地方を合わせて中国・四国地方とする方法。中国地方と四国地方を別にする8地方区分も使われている。

3 Xは国後島で, Y地点のある島が択捉島である。この両島と色丹島・歯舞群島が北方領土で, ロシア連邦によって占拠されている。択捉島は日本の北端に位置しており, 最北端の緯度は北緯45度33分である。

4 日本と同じ温帯に属していることから, ヨーロッパは日本と同緯度と思いがちであるが, 実際には, ヨーロッパの大半の国は日本より高緯度に位置している。イタリア南部やスペインを通っているウは北緯40度の緯線で, 日本では秋田県・岩手県を通っている。エが北緯35度の緯線で, アフリカ大陸の北端を通っている。なお, イは北緯45度の緯線で, 日本では北海道の北部を通っている。アは北緯50度の緯線で, 日本よりも北を通っている。

地理
世界の諸地域〔1〕

解 答　本 冊 P. 13

1 C　**2** えび
3 産出量－R　　輸入量－P　中国－あ
4 放牧

解 説

1 Aは中国，Bはアメリカである。中国は小麦・牛肉の生産量は世界有数であるが，人口がきわめて多く国内で大量に消費されるため，輸出量は少ない。アメリカは生産量が世界有数であるとともに，「世界の食料庫」とよばれているように，輸出量も世界有数で，小麦のほか大豆・とうもろこしの輸出量も世界有数である。オーストラリアは人口が少ないので，生産した農産物の多くを輸出している。また，牛・羊の放牧がさかんで，肉類を大量に輸出している。

2 東南アジア各地で輸出用のえびが養殖されており，その多くが日本に輸出されている。養殖のためにマングローブ林が次々に伐採されており，環境破壊につながるという批判もある。

3 P・Q・Rは日本の数値を材料に判断する。Qは皆無なので，輸出量である。Rはきわめて少ないので，産出量である。したがって，Pは輸入量である。日本は世界有数の原油輸入国であり，必要な原油の100％近くを輸入にたよっている。次に，中国があ～うのどれかを考える。近年，中国は経済が飛躍的に成長しているが，それにともなって原油の消費量も急激に増大している。国内での産出量の増加にも努めているが，不足する分を大量に輸入している。よって，1980年に比べて2018年の輸入量がきわめて多くなっているあが中国である。いはアメリカ，うはオーストラリアである。

4 西部の内陸部は乾燥しているので，作物の栽培には適していない。そこで，羊・やぎなどの放牧が広く行われている。この地域にはイスラム教徒が多いので，羊の肉が食材となっている。

地理
世界の諸地域〔2〕

解 答　本 冊 P. 15

1 ウ　　**2** エ
3 （例）銅に頼った輸出品目の構成となっており，銅の価格の変動が，ザンビアの経済に大きな影響を与えてしまうため，政府は経済の多様化を掲げた政策を採ってきた。（73字）

解 説

1 アメリカ合衆国は，小麦と肉類については，生産量・輸出量ともに世界有数である。他方，原油については，産出量も世界有数であるが，消費量がたいへん多いので，輸入量もきわめて多くなっている。このような特色にあてはまるのはウである。イは小麦の生産量と輸出量が多いのでオーストラリア。エは小麦の生産量は多いが輸出量はないことから，人口が多く国内で小麦が多く消費される中国である。残ったアはブラジル。

2 略地図中で，範囲の一部，または全部が南半球に位置しているのは，イのブラジル，ウの南アフリカ共和国，エのインドネシア。また，人口密度は，資料の人口÷面積で求められる。イギリスは約283人/km^2，ブラジルは約25人/km^2，南アフリカ共和国は約49人/km^2，インドネシアは約143人/km^{2}となり，100人を超えているのは，イギリス，インドネシア。したがって，いずれの条件にもあてはまるのは，エのインドネシアである。

3 ザンビアが位置するアフリカ州には，特定の農産物や鉱産資源の輸出で国をささえるモノカルチャー経済の国が少なくない。**グラフⅠ**から，ザンビアの輸出の7割以上を銅がしめており，典型的なモノカルチャー経済の国であることがわかる。また，**グラフⅡ**から，銅の国際価格は年によって大きく変動しており，このことが国の経済に与える影響は少なくないと考えられる。**資料**の政府の政策は，モノカルチャー経済からの脱却を目指すものであることがわかる。

地理
身近な地域の調査

解答　本冊 P.17

1 ア　**2** （例）台地では農地は主に茶畑に利用され，低地では主に田や畑に利用されている。　**3** ア

解説

1 等高線と土地の傾斜の関係は，等高線の間隔が広いところほど傾斜がゆるやかで，間隔がせまいところほど傾斜が急である。等高線は，2万5千分の1の地形図では10mごとに引かれている。まず，地形図上で1900mと1950mの等高線を見つける。その2本の等高線にはさまれた部分の等高線の間隔を見ると，**ア**がいちばん間隔が広く，**イ**と**ウ**が間隔がせまくなっている。したがって，傾斜が最もゆるやかなのは**ア**である。

2 どこが台地で，どこが低地かを等高線に着目して読み取る。地形図の中央部に等高線の間隔がせまいところがある。ここは急な傾斜地であるが，この傾斜地の東側が台地で，西側が低地になっている。台地には，∴の地図記号が数多く見られる。これは茶畑を示している。また，低地には，‖と∨の地図記号が多く見られる。これらは田と畑を示している。以上から，台地の農地は主に茶畑に利用され，低地は主に田や畑に利用されていると判断できる。

3 **X**の部分を，東側を上辺，西側を下辺とする台形とみなして計算する。まず，めもりをもとに上辺・下辺・高さを明らかにする。上辺は約1.8cm，下辺は約1.4cm，高さは約2.1cmである。(1.8＋1.4)×2.1÷2＝3.36cm²。これが地形図上の面積。縮尺が2万5千分の1なので，3.36×25000×25000より0.21km²となり，**ア**が正解である。計算が大変であれば，**X**を横2cm・縦1.5cmの長方形とみなしてもよい。2万5千分の1の地形図なので，実際には2cmは0.5km，1.5cmは0.375kmとなり，**X**の実際の面積はおよそ0.5×0.375＝0.1875km²と考えられる。これにもっとも近いのは**ア**の0.2km²となる。

地理
日本の自然環境の特色

解答　本冊 P.19

1 a－流域　b－大西洋　**2** エ
3 （例）地面がコンクリートやアスファルトで舗装されていることが多く，降った雨がしみこみにくい
4 （例）鰺ヶ沢町は，北西から湿気を含んだ季節風が吹くため，降水量が多く，日照時間が短い。一方，八戸市では，山脈を越えた季節風が乾燥するため，晴れの日が多くなるから。

解説

1 a流域面積は川に流れこむ水が供給される範囲のこと。アマゾン川など，多くの支流をもつ川は流域面積が広大である。日本で流域面積が最も大きいのは利根川である。

2 国土のおよそ4分の3が山地なのだから，**Ⅰ**が森林なのは明らかである。日本の農業の規模は小さいとはいえ，水田や畑・牧草地には，ある程度の広さが必要である。よって，**Ⅱ**が農地である。残った**Ⅲ**が宅地となる。

3 都市計画にもとづいて，道路などの地面の大部分がコンクリートやアスファルトで舗装されているため，水分が地中にしみこみにくい。それゆえ，短時間の集中豪雨の際には，あふれた雨水によって道路が冠水したり，家屋が水浸しになってしまうことが多い。また，最近せまい地域に短時間の豪雨がおそう例が増えているが，このような気象現象自体が地球温暖化にともなう影響ではないかと指摘されている。

4 鰺ヶ沢町は日本海側，八戸市は太平洋側に位置していることに注目。11月から2月は冬であり，冬には北西の季節風が吹く。この北西の季節風は暖流の対馬海流の上を通るので大量の湿気を含んでいる。そのため，日本海側では雪などの降水量が多く，晴れた日が少ないので日照時間も短くなる。この季節風は山脈を越えると乾燥するので，太平洋側は晴天の日が多くなる。

地理
日本の人口の特色

本冊
P.21

解答

1 （例）市部では人口が増加して過密化し，郡部では人口が減少して過疎化した。

2 （例）歴史的な町なみの景観を守りながら，住民の生活の利便性にも配慮すること。

3 （例）64歳以下の世代の人々を中心として，千里ニュータウンの人口が減っている

解説

1 図を見ると，1950年は市部よりも郡部の人口が多かったが，その後逆転し，市部の人口は増え続け，郡部の人口は減少傾向にある。1980年には市部の人口が郡部の3倍以上に増えている。また，表から，人口密度は，市部では上昇し，郡部では低下していることがわかる。1950年代半ばから1970年代初めまでの高度経済成長期に，地方の農村から都市への人口移動が活発になり，市部では過密，郡部では過疎が問題になったと考えられる。

2 歴史的な町なみを貴重な文化遺産と考え，これを保存することは大切である。同時に，住民の生活が不便にならないようにすることも大切である。そのため，資料に見られるように，住民の生活に不可欠の電線や電柱が目にふれないようにすることで景観の保全との両立をはかっている。

3 千里ニュータウンの人口の変化を全体として見ると，資料1の棒グラフから総人口が2005年まで減少していたことがわかる。また，2000年以降の高齢化率が全国平均を上回っていることがわかる。そのような高齢化の進行は，資料2を見ると，2000年ごろから65歳以上の人口の割合が急激に拡大し，64歳以下の人口の割合が大幅に小さくなっていることからも裏付けられる。まとめると，64歳以下の人口の減少にともなって，千里ニュータウン全体の人口が減少した。2010年以降はさまざまな取り組みの結果，人口は増加してきている。

地理
日本の資源・産業の特色

本冊
P.23

解答

1 石炭

2 Ⅰ—京浜工業地帯　　Ⅱ—中京工業地帯
Ⅲ—阪神工業地帯

3 （例）ICは小さくて軽く，航空機やトラックで輸送しやすいため。

解説

1 資料1から，オーストラリアからの輸入割合が高いので，石炭か鉄鉱石と考えられるが，資料2から，1960年代半ばに，日本はこの鉱産資源を80％近く自給できていたことがわかるので，石炭と判断できる。日本では，1960年代のエネルギー革命で主なエネルギー源が石油にかわるまで，九州や北海道で多くの石炭を生産し，自給率も高かった。鉄鉱石は，日本ではほとんど産出されず，ほぼ100％を輸入にたよっている。

2 Aの横浜市を含むのは京浜工業地帯，Bの名古屋市を含むのは中京工業地帯，Cの大阪市を含むのは阪神工業地帯である。最もわかりやすいのは中京工業地帯で，出荷額が全国第1位で，輸送用機械など機械工業の占める割合がきわめて大きい。これにあてはまるⅡが中京工業地帯。阪神工業地帯は，他の工業地帯と比べて機械工業の割合が小さく，金属工業・化学工業の割合が大きい。これにあてはまるⅢが阪神工業地帯。残るⅠが京浜工業地帯で，機械工業の割合が大きい。

3 IC（集積回路）の特性を考える。半導体などのICは小さくて軽く，その割に価格は高い。一般に，貨物を空港から航空機で輸送する場合は高い運賃がかかり，高速道路も利用する際には料金が必要である。しかし，ICは小さくて軽いので，航空機やトラックで輸送しやすく，価格が高いので高い運賃や利用料金を支払っても採算がとれる。こうした理由から，IC工場の多くが空港周辺や高速道路沿線に立地している。

地理
日本の交通・通信の特色

解答 本冊
P. 25

1 イ **2** 鉱産資源
3 (例) 重くてかさばり，重量あたりの価格
が安いもの。

解説

1 表の貿易額や輸出品目に着目する。ブラジルは，鉄鉱石の産出量が世界有数である。また，かつてコーヒーの輸出に依存していたモノカルチャー経済から脱却するため，大豆の栽培を増やすなど，農業の多角化に取り組んだ。したがって，輸出品の第1位が大豆，第3位が鉄鉱石であるイがあてはまる。アは貿易額が少なく，輸出品の第1位がカカオ豆なので，アフリカ大陸のギニア湾岸にある発展途上国のコートジボワールである。ウは自動車や機械類などの工業製品の貿易額が多いので，先進工業国のカナダである。エは酪農品や肉類など，畜産物の輸出額が多いので，ニュージーランドである。

2 南アフリカ共和国のロジウム・パラジウム・白金・鉄鉱石，チリの銅鉱・モリブデン鉱，オーストラリアの液化天然ガス・石炭・鉄鉱石・銅鉱，これらはすべて鉱産資源である。これらの国々は，日本にとって重要な工業原料の供給国である。

3 表の総輸入額と総輸入量の関係から，1万tあたりの輸入額を比較すると，海上輸送は約7.7億円，航空輸送は約2450億円となる。また，おもな品目を見ると，海上輸送は原料や燃料，航空輸送は半導体等電子部品 (ICなど) や医薬品の工業製品が中心である。以上のことから，海上輸送は重量あたりの価格が安く，重くて容量の大きいものが主に輸送されている。一方，航空輸送は重量あたりの価格が高く，小型・軽量な工業製品が主に輸送されている。

地理
日本の諸地域 (1)

解答 本冊
P. 27

1 (1) 福岡(市) (2) ウ **2** ⓘ，三重(県)
3 (例) この地域が大都市などの消費地や他の工業地域と高速道路でつながり，商品や部品の輸送に有利になったため。

解説

1 (1) Aは福岡県。博多港がある福岡市は県庁所在地で，九州地方の政治・経済・文化の中心となっている。福岡市は，武家の町として発展した福岡地区と，港町として発展した博多地区に大きく分けられる。

(2) Bは長崎県，Cは宮崎県，Dは鹿児島県。ピーマンの生産量が多いことからウは宮崎県。宮崎県の宮崎平野では，冬でも温暖な気候を利用してピーマンなど野菜の促成栽培がさかんである。牛肉の生産量が多いことから，アは鹿児島県。漁獲量が多いことから，イは長崎県。米の生産量が多いことから，エは福岡県。

2 ⓐは滋賀県，ⓘは三重県，ⓤは奈良県，ⓔは兵庫県である。bは湖沼，河川の面積から滋賀県，dは人口と工業製品出荷額から兵庫県である。また，bの滋賀県とともに海面漁業生産量がないcは，内陸県の奈良県である。よって，aは三重県。三重県は中京工業地帯に含まれ，工業製品出荷額が多くなっている。また，海面漁業生産量も多くなっている。

3 資料2を見ると，高速道路によって，滋賀県が大阪・京都・神戸や名古屋などの大都市と結びついている。これらの大都市は大消費地でもある。また，高速道路によって，他の工業地域とも結びつき，製品や部品の輸送が便利になった。そのため，高速道路が通っている滋賀県の東部から南部にかけての地域で工業がめざましく発展し，多くの都市で製造品出荷額が増大した。

地理
日本の諸地域 (2)

解答 本冊 P.29

1 青森県ーイ ⓘの県ーア

2 (例) 冬に雪が多いため農作業ができず, 家の中で工芸品をつくっていたから。

3 (例) 農家1戸当たりの耕地面積は, 1985年の0.58haから2020年の0.84haへと増加した。〔1985年から2020年の間に減少した総耕地面積と総農家数の割合を比べると, 総耕地面積よりも総農家数の減少した割合が大きいため, 農家1戸当たりの耕地面積は増加した。〕

解説

1 まず青森県から考える。青森県は穀倉地帯の東北地方にあるので, 稲作がさかんである。同時に, りんごの生産量が全国一であるように, 果樹栽培もさかんである。よって, 水田と果樹園の割合が大きいイが青森県である。地図中のⓘは茨城県。茨城県自体を見きわめるのはむずかしい。そこで消去法を用いる。ウは水田の割合がきわめて大きいので, 米の生産量が全国有数のあの秋田県である。エは耕地面積が小さいので, 住宅地や商業施設が多いうの神奈川県である。よって, 残ったアが茨城県である。茨城県では, 水田による稲作もさかんであるが, 東京向けに野菜などを生産する近郊農業もさかんなので, 普通畑の割合が大きい。

2 雨温図を見ると, 冬に降水量が多くなっている。田畑が雪でおおわれるため, 冬は農業ができない。そこで家内工業として絹織物である米沢織などの工芸品がつくられるようになり, 伝統産業として根付いていった。

3 農家1戸当たりの耕地面積は, 総耕地面積÷総農家数で求める。1985年の1戸当たりの耕地面積が約0.58haであるのに対し, 2020年は約0.84haとなっており, 農家の規模が拡大していることがわかる。農家数が減る一方で, 耕地面積も減少しているが減り方の度合いが農家数より小さいため, 1戸当たりの耕地面積が増大した。こうした傾向は山梨県だけでなく全国で見られる。

地理
作図

解答 本冊 P.31

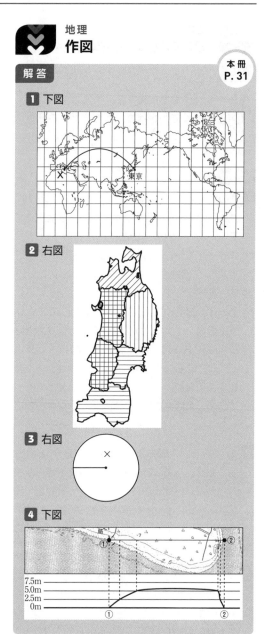

1 下図

2 右図

3 右図

4 下図

解説

1 最短経路は**地図1**では直線, **地図2**では曲線になる。

2 青森県は約47%, 秋田県は約99%, 岩手県は約60%, 福島県は約74%, 宮城県は約79%, 山形県は約97%となる。

3 ロンドンを0度の経線 (本初子午線) が通ることから考える。東経は図の左側になる。

4 等高線を参考にしてかく。

地理
資料読み取り〔記号選択〕

解答　　　　　　　　　　　　　　　本冊
　　　　　　　　　　　　　　　　　P.33

1 イ・エ
2 a－ア　　b－イ　　c－ア　　**3** イ

解説

1 **ア**　2019年の訪日外国人旅行者数は約3200万人，アジア地域からは約2700万人なので，アジア以外の地域からは約500万人となり，誤り。

イ　1983年の訪日外国人旅行者数は約200万人，2019年は約3200万人で，5倍以上に増えたので，正しい。

ウ　2019年の中国からの訪日外国人旅行者は約1700万人。これは2019年の訪日外国人旅行者数約3200万人の約50%なので，誤り。

エ　2003年の韓国からの旅行者数は約146万人，2019年は約560万人なので，正しい。

2 **a** Xは兵庫県，Yは高知県。X県の1km²あたりの人口密度は約651人，Y県の1km²あたりの人口密度は約98人である。したがって，X県はY県のおよそ6.5倍である。

b 65歳以上の人口割合は，X県が29.1%，Y県が35.2%なので，明らかにY県のほうが割合が高い。

c 65歳以上の人口は，X県が5466000×0.291より1590606人，Y県が698000×0.352より245696人である。したがって，65歳以上の人口はX県のほうが多い。

3 **ア**について，米の産出額は1964年が約122億円，2019年が約151億円である。2分の1に減るどころか増えているので，**ア**は誤り。**イ**について，畜産の産出額は1964年が約55億円，2019年が約284億円である。4倍以上に増えているので，**イ**は正しい。果実の産出額は1964年が約26億円，2019年が約69億円である。約3倍になっているので，**ウ**は誤り。野菜の産出額は1964年が約19億円，2019年が約213億円である。11倍以上になっているので，**エ**は誤り。

地理
資料読み取り〔論述問題〕

解答　　　　　　　　　　　　　　　本冊
　　　　　　　　　　　　　　　　　P.35

1 （例）（かつてA国を植民地としていた）イギリスの割合が減り，中国などアジアの国の割合が増えた。

2 〔1〕（例）年間の気温の変化が小さい
〔2〕（例）他の国より原油消費量が少なく，原油産出量の大部分を輸出している。

3 （例）鉄鋼そのものの生産から，技術を必要とする自動車や半導体などの高品質の製品づくりへと転換がはかられた。

解説

1 A国は，オーストラリア。かつて，イギリスの植民地であったことから，1960年にはイギリスへの輸出が約4分の1を占めていたが，2019年になると，オーストラリアにより近い中国や日本，韓国などのアジア諸国が，半分以上を占めるようになっている。

2 〔1〕秋田は，最も気温が低い1月と最も高い8月とで25度ほどの差がある。これに対してロンドンは，気温の差が13～14度ぐらいである。ロンドンは冬も暖かく，夏は涼しい気候である。

〔2〕Aはノルウェー，Bはロシア連邦，Cはカナダ，Dはアメリカ合衆国。各国の原油消費量は，1人あたり原油消費量に人口をかけたものである。**a**は約1626万t，**b**は約1億3134万t，**c**は約9812万t，**d**は約7億6130万tである。AのノルウェーはB～Dの国より原油消費量がきわめて少なくなっている。また，ノルウェーは産出した原油の多くを輸出している。

3 1980年ごろから，鉄鋼の生産量と輸出量はほぼ横ばい状態で，輸出額の割合は1970年代半ばに大きく減少し，その後低迷している。かわりに，自動車や高い技術を必要とする半導体の割合がしだいに高まってきている。日本の工業は鉄鋼などの素材の生産から，自動車などの組み立て型の機械工業や，高品質の半導体・電子機器などの工業に転換してきている。

歴史
縄文・弥生・古墳時代

解答

1 イ　**2** イ，メソポタミア　**3** エ
4 ウ→ア→エ→イ　**5** ウ

解説

1 今から5千年ほど前は縄文時代である。縄文時代，人々は中央に柱を立てた，たて穴住居でくらしていた。**ア**について，稲作が広まったのは弥生時代である。**ウ**について，前方後円墳がつくられたのは古墳時代である。**エ**について，ごばんの目状に区切られた都市のあとは飛鳥時代以降に見られる。

2 メソポタミア文明では，くさび形文字が発明され，ハンムラビ法典が定められた。また，太陰暦や時間の六十進法などが考え出された。**ア**はナイル川流域のエジプト文明，**ウ**はインダス川流域のインダス文明，**エ**は黄河流域の中国文明である。

3 資料1の歴史書は，3世紀前半に30余りの小国を従えた邪馬台国の女王卑弥呼について述べている。資料2は，7世紀はじめに聖徳太子（厩戸皇子）が定めた十七条の憲法である。**エ**は5世紀ごろのできごとなので，これが正解。**ア**は7世紀後半，**イ**は8世紀中ごろ，**ウ**は1世紀中ごろのできごとである。

4 **ア**は紀元前4～3世紀，**イ**は5世紀，**ウ**は今から1万年ほど前，**エ**は3世紀前半のできごとである。

5 渡来人は漢字とともに儒学（儒教）の書物を伝え，また仏教も伝えた。また，ため池などの土木技術，養蚕，機織の技術，須恵器の製法など大陸の進んだ技術ももたらした。**ア**は紀元前4～3世紀ごろに伝わった。**イ**は宋の時代に発明され，平安時代の日宋貿易で輸入された。**エ**は宋の時代に生まれた儒学の一派で，日本には鎌倉時代に伝わった。

歴史
飛鳥・奈良時代

解答

1 〔1〕ア　〔2〕（例）貴族や寺院，豪族などが開墾をすすめ，私有地を広げた。
2 誤っている語句　③
　正しい語句　天智天皇
3 （例）海外から伝わった仏教を日本に広めるために，法隆寺を建てた。（29字）

解説

1 〔1〕調は絹・糸・真綿や地方の特産物などを納める税で，17歳以上の男子に課せられた。農民はこれを都まで運んで納めなければならなかった。そのため，都から遠い地方の農民には，きわめて重い負担であった。**イ**について，防人が警備にあたったのは都の近辺ではなく九州地方北部である。**ウ**について，戸籍は毎年ではなく6年ごとにつくられた。**エ**について，口分田が与えられたのは6歳以上の人々で，男子には2段，女子にはその3分の2があたえられた。また，奴婢には，良民の男女のそれぞれ3分の1の口分田が与えられた。

〔2〕資料は墾田永年私財法で，新しく開墾した土地は，いつまでも自分の土地として私有してよいことを認めた。この法令が出されると，中央の貴族・寺社や地方の郡司などは，周りの農民などを使ってさかんに開墾を行い，私有地を広げていった。こうして，律令制度の土台である公地公民の原則はくずれ始めた。なお，開墾された私有地は，のちに荘園とよばれるようになった。

2 ③の天武天皇は，天智天皇の弟で，天智天皇の死後に天皇の位をめぐって起こった壬申の乱に勝利して即位した天皇。

3 資料Yの建物は世界文化遺産にも登録されている法隆寺である。聖徳太子（厩戸皇子）や太子の政治に協力した蘇我馬子らは海外から伝わった仏教をあつく信仰し，太子は斑鳩地方に法隆寺を建てた。法隆寺を中心として，飛鳥文化とよばれる新しい仏教文化がおこった。

歴史
平安時代

解答　　　　　　　　　　本冊 P. 41

1 (1) エ　　(2) イ　　**2** ウ　　**3** エ

4 (例) 娘を天皇のきさきにし，その子を天皇にしたこと。

解説

1 (1) 清少納言はかな文字で「枕草子」を書いた。寝殿造は美しい庭園をもつ貴族の住居の様式。Aは奈良時代，Cは鎌倉時代である。

(2) 「古今和歌集」は平安時代につくられた和歌集である。イは紫式部が書いた長編小説で，はなやかな貴族の世界が描かれている。紫式部は清少納言と同じように，宮廷に仕える女官であった。アは奈良時代につくられた地理書，ウは奈良時代に完成した和歌集，エは鎌倉時代に鴨長明があらわした随筆である。

2 藤原頼通が京都の宇治に平等院鳳凰堂を建てたのは11世紀中ごろで，平安時代の後半にあたる。このころ，地方の政治は国司にまかせきりになったが，任地に代理を送って収入だけを得るなど，自分の収入を増やすことだけに熱心な国司が多くなった。アは大宝律令が定められた8世紀はじめ，イは守護大名が台頭した14世紀後半，エは聖武天皇の時代の8世紀中ごろである。

3 平安時代はじめ，最澄と空海が唐から帰国し，最澄は比叡山の延暦寺で天台宗を広め，空海は高野山に金剛峯寺を建てて真言宗を広めた。これらの仏教の宗派は，人里はなれた山奥の寺で，きびしい修行を行うものであった。アは7世紀はじめ，イは室町時代，ウは平安時代後半である。

4 系図を見ると，娘の徳子を高倉天皇のきさきにし，その子を安徳天皇として即位させている。藤原氏が勢力拡大のために行った方法と同じである。このような貴族的なやり方は，源氏をはじめとする地方の武士たちの反感を招いた。また，朝廷の政治を平氏が思うままに動かしたので，貴族や寺社も反感をいだくようになった。

歴史
鎌倉時代

解答　　　　　　　　　　本冊 P. 43

1 ウ

2 (1) イ　　(2) 御恩－(例) 将軍が御家人に対して，領地を保護したり，新たに領地を与えたりすること。　奉公－(例) 御家人が将軍に対して，軍役の義務を果たすこと。

3 ウ

解説

1 文は，元寇(文永の役)について述べているので，鎌倉時代の13世紀後半のことである。Xのローマ帝国が東西に分裂したのは4世紀末(395年)で，日本では古墳時代なので，誤り。Yのフビライは元寇のときの元の皇帝であり，マルコ・ポーロもこのころ元を訪れているので，正しい。Zの宗教改革が起こったのは16世紀で，日本では室町時代(戦国時代)なので，誤り。

2 (1) アは1232年，イは1221年，ウは1185年，エは1192年のできごとである。

(2) 将軍が御家人を守護や地頭に任命するのも御恩の1つである。御家人は将軍の御恩に対して，平時には御所などを警備し，戦時には一族を率いて合戦に参加し，命がけで戦った。鎌倉幕府の成立により，土地を仲立ちとして，将軍と御家人が御恩と奉公の主従関係で結びつく武家政権のしくみが確立した。

3 中世は，平安時代末期から戦国時代にかけてである。平安時代中期から鎌倉時代中期にかけて，宋との貿易が行われ，貿易船が往復した。これに同乗し宋に渡った栄西は，帰国後，禅宗の一派である臨済宗を伝えた。アは奈良時代である。イは1549年のできごとで，室町時代(戦国時代)である。エは平安時代はじめである。

歴史
南北朝・室町時代

解答
本冊
P.45

1 (1) ウ 　(2)(例)自治を行っていた
2 b 　**3** 町衆

解説

1 (1) 元軍の襲来が鎌倉時代，太閤検地が安土桃山時代なので，室町時代の経済の様子と考えてよい。室町時代には勘合貿易によって大量の銅銭（明銭）が輸入され，市などでの取り引きに利用された。その結果，貨幣経済が広まった。**ア**は奈良時代，**イ**は江戸時代，**エ**は明治時代である。

(2) 農村の様子の各項目で，「みんなで」，「共同管理」，「話し合いで」，「独自に」といった言葉に着目する。これらの言葉から，自分たちの村では，自分たち自身で政治を行う，つまり自治を行うという姿勢が導き出される。農業生産の発展にともなって，農村に惣とよばれる自治的な組織がつくられ，寄合を開いて用水路の建設・管理などについて相談したり，村のおきてを定めたりするようになった。

2 bは堺である。博多とともに日明貿易で栄え，ポルトガル人やスペイン人との南蛮貿易でも栄えた。豊かな商人が数多く住んでおり，36人の豪商によって自治が行われた。来日したイエズス会の宣教師によって，「平和で自由な都市」としてヨーロッパに紹介された。しかし，天下統一をめざした織田信長は，その経済力に目をつけ，その自治権をうばって直轄領とした。

3 町衆は京都の豊かな商工業者で，独自のきまりを定めて自治を行った。祇園祭は町ごとに豪華な山や鉾をつくって町々をめぐる祭りで，平安時代に始まったといわれている。南北朝の時代からいちだんとさかんになったが，1467年に始まった応仁の乱によって一時途絶えてしまった。乱ののち，町衆たちの努力によって復興した。

歴史
戦国・安土桃山時代

解答
本冊
P.47

1 堺 　**2** 明
3 (例)キリスト教の布教と一体となっていた

解説

1 略地図1に▨で示された国はポルトガルで，日本に伝えられた新しい武器は鉄砲である。鉄砲は戦国大名に注目され，堺や近江の国友などでは，すぐれた刀鍛冶職人が鉄砲の生産にたずさわった。

2 1590年に全国統一を達成した豊臣秀吉は，ルソン（フィリピン）・高山国（台湾）などに対して服属を要求した。さらに明の征服をくわだて，その道筋にあたる朝鮮に協力を強要した。朝鮮がこれを拒絶したため，1592年の文禄の役と1597年の慶長の役の2度にわたって大軍を朝鮮に送った。しかし，朝鮮民衆の義兵による抵抗運動や李舜臣の水軍の活躍，明の援軍などにより，朝鮮侵略は失敗に終わった。

3 資料1のバテレン追放令内に，貿易船は特別あつかいにするので，自由に貿易を行ってかまわないと記してある。それだけ貿易を重視していたことがうかがえる。資料2からわかるように，南蛮貿易でもたらされた品物には，地球儀のように日本にとってたいへん珍しいヨーロッパの品物もあった。いっぽう，スペイン・ポルトガルの貿易船にはイエズス会の宣教師が同乗しており，彼らは貿易相手国で熱心な布教活動を展開した。つまり，当時の南蛮貿易はキリスト教の布教活動と密接に結びついていた。このように貿易が布教活動と一体であったため，キリスト教が広まることには警戒心を持ちつつも，宣教師の国外追放を徹底することができなかった。

歴史
江戸時代〔1〕

解答

本冊
P.49

1 (1) (例) キリスト教の禁止 (を徹底するため。)　(2) 17世紀〜19世紀

2 エ　**3** ア　**4** 元禄文化

解説

1 (1) 絵1のザビエルは，1549年に日本にはじめてキリスト教を伝えた宣教師。絵2の島原・天草一揆は1637年におこった，キリスト教徒を中心とする農民の抵抗運動。キリスト教徒が信仰をもとに団結して抵抗することは，支配のさまたげになると幕府は考えた。幕府は禁教を徹底するため，一揆の2年後の1639年にポルトガル船の来航を禁じた。

(2) オランダ商館が出島に移されたのは1641年で，これは17世紀である。鎖国体制が終わったのは1854年の日米和親条約の締結で，これは19世紀である。

2 生類憐みの令を出したのは5代将軍の徳川綱吉。学問や礼節を重視した文治政治への転換を進め，学問所や寺院などの建設も行った。そのため幕府の財政が苦しくなり，質の悪い貨幣を大量に発行して乗り切ろうとしたが，物価が高騰するインフレーションをまねいた。アは8代将軍徳川吉宗が行った享保の改革の内容。イは3代将軍徳川家光の政策。ウは老中松平定信が行った寛政の改革の内容。

3 菱垣廻船や樽廻船は，大阪と江戸の間を往復した定期船である。このほか，西廻り航路や東廻り航路が開かれ，東北・北陸地方の米が大阪・江戸に運ばれた。イは江戸時代後期，ウは奈良時代，エは室町時代である。

4 浮世草子とよばれる小説を書いた大阪の商人の井原西鶴，歌舞伎・浄瑠璃の台本を書いた武家出身の近松門左衛門などが活躍した。19世紀初めになると，江戸を中心に化政文化とよばれる町人文化が発達した。

歴史
江戸時代〔2〕

解答

本冊
P.51

1 ウ　**2** (例) アメリカ国内で南北戦争が起こり，日本との貿易が難しかったから。

3 ウ→オ→ア　**4** ロシア

解説

1 この藩は長州藩。薩摩藩とともに倒幕運動の中心となり，明治時代になると藩閥政治の中心になった。ウは長州藩の城下町の萩である。アは徳川御三家の1つ水戸藩の城下町の水戸，イは土佐藩の城下町の高知，エは薩摩藩の城下町の鹿児島である。

2 アメリカとの間に日米修好通商条約が結ばれたのが1858年。その3年後，アメリカでは奴隷制度と貿易政策をめぐる対立から南北戦争が始まった。南北戦争は南部と北部による大規模な内戦であったため，アメリカは日本との貿易に力を注ぐ余裕がなかった。そのため，日本の最大の貿易相手国はイギリスになり，イギリスは大量生産された毛織物・綿織物などの工業製品を輸出した。

3 イギリスやアメリカの船が，日本近海に出現するようになったため，幕府が異国 (外国) 船打払令を出したのは1825年である。アは岩倉具視の使節団に同行したので，1871年である。イは1637年，ウは1837年，エは1549年，オは1853年のできごとである。よって，年代の古い順にウ・オ・アと選ぶ。

4 大黒屋光太夫は伊勢 (三重県) の船頭で，伊勢から江戸に向かう途中に遭難して漂流し，アリューシャン列島でロシア人によって救出された。1792年，ロシアの軍人ラクスマンが大黒屋光太夫ら漂流民を届けることを名目に根室に来航し，さらに通商を要求した。松前で幕府の役人が交渉にあたり，通商は拒否したが，長崎への入港許可書を交付した。1804年には，ロシアの使節レザノフが，ラクスマンの持ち帰った入港許可書を持って長崎に入港し，通商を要求した。しかし，幕府は鎖国方針をくずさず，レザノフを退去させた。

歴史
明治時代 (1)

解答
本冊
P. 53

1 イ **2** エ **3** (例) 地価を基準にして税をかけ，土地の所有者が現金で税を納める **4** 内閣

解説

1 板垣退助は，1874年に民撰議院設立建白書を政府（左院）に提出するとともに，高知で政治結社の立志社を設立した。板垣は自由民権運動の中心人物として活動したが，1881年，伊藤博文を中心とする政府が大隈重信を政府から追放するとともに10年後に国会を開くことを約束する国会開設の勅諭を出すと，自由党を結成して党首となった。立憲政友会は伊藤博文が，1900年に結成した政党である。立憲改進党は政府を追放された大隈重信が，1882年に結成した政党である。

2 資料は大日本帝国憲法である。これが発布された1889年の翌年は1890年で，第一回の衆議院議員選挙が実施された。このとき，選挙権は直接国税15円以上を納める25歳以上の男子のみに限られていた。衆議院議員選挙を受けて第一回の帝国議会が召集されたが，自由民権運動の流れをくむ野党（民党）が議席の多数を占めた。アは1918年，イは1925年，ウは1873年のできごとである。

3 新政府が富国強兵を進めるためには，財政の確立が不可欠であった。米を貨幣に換えて税収入にする場合は，米の収穫高によって変動する米価に税収が左右されてしまう。このため，年ごとの税収入が安定せず，着実な政策遂行が困難になる。地租改正によって課税基準が収穫高から地価に変更されたが，地価は米の収穫高ほどには変動しないので，地価にもとづいた地租はほぼ安定した財源となる。地租改正が行われたころ，地租は政府の歳入の約7割を占めた。

4 右から2人目の人物は伊藤博文。1885年，それまでの太政官制を廃止して内閣制度を創設し，初代の内閣総理大臣に就任した。

歴史
明治時代 (2)

解答
本冊
P. 55

1 ア **2** ウ，ア **3** (1) エ (2) (例) ロシアに対する利害の一致を背景に，1902年に結んだ日英同盟 (30字)

解説

1 明治初期に模範工場を設立したのは財閥ではなく政府。富岡製糸場などの官営模範工場は，政府が民間に手本を示すために設立された。明治政府は殖産興業を進めるため，官営模範工場を設立したり，博覧会を開いたりして新技術の開発と普及をはかった。このような官営模範工場や，官営として操業していた炭鉱・銅山などは，のちに三井・三菱などの民間の資本家に格安で払い下げられた。これをきっかけに三井・三菱・住友などは財閥として経済力を増大させ，日本経済を支配していった。

2 男子の就学率が初めて60％に達したのは1880年ごろ，女子の就学率が60％に達したのは1900年ごろである。この間にあてはまるのは，1889年の**ア**と1885年の**ウ**である。年代の古い順だから，**ウ**，**ア**とする点に注意する。**イ**は1904年，**エ**は1875年のできごとである。

3 (1) 略地図中の「旅順」，「奉天」や「日本海海戦」に着目する。この戦争は1904年におこった日露戦争で，1906年に主要な民営鉄道17社が国有化された。**ア**は略地図に示した戦争にはあてはまらないが，内容は正しい。**イ**は，日清戦争後ではなく日露戦争後の，**ウ**は日露戦争後ではなく日清戦争後のできごとである。

(2) 第一次世界大戦のことが問われているようだが，実際には日英同盟のことである。日本は韓国をめぐってロシアとの対立が深まり，イギリスはロシアのアジア進出が自国の利益をおかすと考えていた。ロシアへの警戒心という面で利害の一致する日本とイギリスは，1902年に日英同盟を結んだ。のちに日本が第一次世界大戦に参戦したときは，この日英同盟を根拠とした。

歴史 大正時代

本冊 P.57

解答

1 (1) 大正デモクラシー　　(2) オ
2 (1) ア　　(2) エ→イ→ア→ウ
3 (例) 日本がシベリアに出兵することを見こした商人たちが米を買いしめたため。

解説

1 (1) 第一次世界大戦後，ヨーロッパではロシア革命の影響などもあって，ワイマール憲法が制定されるなど民主主義の風潮が広まった。こうした風潮は大正時代の日本でも見られ，デモクラシーが唱えられ，自由主義の風潮が高まり，政党政治が発展した。

(2) 1890年時の選挙権は直接国税15円以上を納める25歳以上の男子に限られ，有権者は全人口の1％程度にすぎなかった。しかし，1925年に普通選挙法が制定されたことから，1928年時の選挙権は25歳以上のすべての男子にあたえられ，納税額(財産)による資格要件が外された。

2 (1) A〜Dの時期は，大正時代が中心である。大正時代には生活の洋風化が進み，洋風の文化住宅が流行し，洋風料理が広がった。また，文化の大衆化も進み，ラジオ放送が始まり新聞・雑誌や映画が普及した。イは明治初期の文明開化のころ，ウは第二次世界大戦後の高度経済成長の時期，エは第二次世界大戦後の戦後改革の時期である。

(2) アは1921〜22年，イは1919年，ウは1927年，エは1915年のできごとである。

3 グラフを見ると，1917年から米価が急激に上昇している。1917年にロシア革命がおこると，帝国主義列強は社会主義革命の影響が広がることをおそれ，シベリア出兵によってソビエト政府に干渉した。日本もシベリアに軍隊を送ることにしたので，これを見こした商人が米を買い占め，その結果，米価が急騰した。

歴史 昭和時代

本冊 P.59

解答

1 (1) 国家総動員法　　(2) 都市ーア　位置ーB　　(3) 動員
2 イ→エ→ア→ウ

解説

1 (1) 1937年に日中戦争が始まったが，中国で抗日民族統一戦線が結成されるなど中国民衆の抗日意識が高まり，日本側の短期決戦の見こみがはずれた。戦争が長期化すると，政府は国力のすべてを戦争に注ぎこむ戦時体制の確立をはかった。その一環として，1938年に国家総動員法が制定され，議会の承認なしに，産業・経済や国民生活のすべてを戦争に動員できるようになった。この法律によって，国民を強制的に工場で働かせることも可能になった。

(2) 北京郊外の盧溝橋で日中両国軍が武力衝突し，宣戦布告のないまま戦争が始まった。日本軍は，1937年末には中国の首都南京を占領したが，中国軍の抵抗は続いた。なお，Aは旅順，Cは上海，Dは重慶である。

(3) (1)の国家総動員法から類推しよう。国家総動員法は国民を戦争に動員するための法律であった。女性や学生や生徒への国家総動員法の適用例が「勤労動員」や「学徒動員」であった。成人男性の多くが戦場に送られたため，国内では極端な労働力不足になった。そこで，女性や学生や生徒を動員し，軍需工場などで働かせた。

2 アは1918年，イは1884年，ウは1936年のできごと。アについて，米騒動の直後に原敬が本格的な政党内閣を組織した。イについて，このころ秩父事件などの激化事件がおこり，自由民権運動は停滞した。ウについて，二・二六事件ののち，軍部は政治的発言力をいっそう強めた。エについて，足尾銅山鉱毒事件は1896年の大洪水のときに深刻な事態になった。田中正造は1890年ごろから鉱山の操業停止を求め，国会内外で運動を展開していた。

歴史
現代

解答　本冊 P.61

1 日中平和友好条約

2 (1) エ→イ→ウ→ア　(2) (例) 原油の輸入価格が値上がりし，経済成長率の高い時代が終わった。

3 (例) 日本が独立を回復し，西側陣営の一員となったことにより，東側陣営のソ連が日本の国際連合加盟に反対したため。

4 極東国際軍事裁判〔東京裁判〕

解説

1 1972年に日中共同声明が発表され，中華人民共和国(中国)との国交が正常化された。さらに，1978年には，相互不可侵や内政不干渉などを定めた日中平和友好条約を結んだ。

2 (1) アは1965年，イは1951年，ウは1956年，エは1947年のできごとである。

(2) 図2から，1973年から74年にかけて，原油輸入価格が急上昇していることがわかる。また，図1を見ると，それまで高い経済成長率を続けていたが，1974年にマイナスになり，その後は低い経済成長率になっている。第四次中東戦争では，アラブの石油輸出国が原油の生産制限と価格の引き上げを行ったため石油危機となり，日本を含む先進工業国は経済が大混乱した。

3 第二次世界大戦後，アメリカを中心とする資本主義陣営と，ソ連を中心とする社会主義陣営とがきびしく対立し，冷たい戦争 (冷戦) とよばれた。冷戦下，日本はサンフランシスコ平和条約を連合国の48か国と結び，資本主義陣営すなわち西側の一員として独立を回復し，日米安全保障条約を結んでアメリカ軍の駐留などを認めた。社会主義陣営すなわち東側のソ連は，このような日本の姿勢に反発し，日本の国際連合加盟に反対した。日ソ共同宣言の調印で国交が正常化すると，ソ連は日本の加盟に反対しなくなり，1956年，国際連合への加盟が実現した。

4 軍人や政治家が戦争犯罪容疑者として逮捕され，極東国際軍事裁判の被告人となった。

歴史
歴史総合

解答　本冊 P.63

1 C→B→D→E→A　**2** エ→イ→ア→ウ

3 エ

解説

1 A〜Eは各時代の農業に関する政策や農村について述べている。Aは「幕府や藩」と「新田を開発」に着目する。Aは耕地面積が大幅に増加した江戸時代である。Bは「墾田永年私財法」に着目する。Bは土地の私有を認める法令が出された奈良時代である。Cは「中大兄皇子」と「公地公民」に着目する。Cは大化の改新が行われた飛鳥時代である。Dは「惣」と「一向一揆」に着目する。Dは民衆が成長して自治を行ったり，団結して一揆をおこしたりした室町時代である。Eは「豊臣秀吉」と「石高」，「武器を取り上げた」に着目する。Eは豊臣秀吉の太閤検地と刀狩によって兵農分離が進んだ安土桃山時代である。

2 アについて，松尾芭蕉は江戸時代の元禄文化のころの俳人で，紀行文の「奥の細道」は有名である。イについて，一遍は鎌倉時代におこった新しい仏教の宗派の1つである時宗を広めた僧で，諸国をめぐって布教活動をした。ウについて，十返舎一九は江戸時代の化政文化のころの読み物作家で，こっけいな読み物の「東海道中膝栗毛」が知られている。エについて，紀貫之は平安時代に「古今和歌集」を編集した1人で，日記の「土佐日記」をあらわした。アとウでは，アが江戸時代前期，ウが江戸時代後期なので，アのほうが古い。

3 中世と近世に着目して対象をしぼっていく。日本の中世は平安時代の後半から始まるので，西暦では1000年前後である。これにあてはまるのはウ・エである。近世は安土桃山時代と江戸時代がふくまれる。江戸幕府が大政奉還によって滅亡したのは1867年なので，エがあてはまる。

歴史
資料読み取り・論述問題

本冊 P. 65

解答

1 （例）条約では治外法権〔領事裁判権〕が認められており，裁判において，イギリス人船長にとって有利な判決が下ったから。

2 〔1〕（例）本格的な政党内閣であったということ。

〔2〕（例）連合国軍に占領され，その指令のもとに政治がすすめられていたこと。

3 （例）御家人を救済することが目的で，御家人が売った土地をただで返させることなどを定めた法令である。〔御家人を救済することが目的で，御家人の借金を帳消しにできることなどを定めた法令である。〕

4 （例）西廻り航路などで運ばれた北海道や東北地方からの物資を，日本海側から大津に運ぶための水上交通路としての役割。

5 （例）輸出が輸入を上回り，重化学工業が発達した。〔輸出が伸び，重工業が発達した。〕

解説

1 資料の事件はノルマントン号事件。治外法権〔領事裁判権〕の問題が明らかになり，不平等条約の改正を求める世論が高まった。

2 〔1〕立憲政友会総裁の原敬は，陸軍・海軍・外務の3大臣以外をすべて政友会党員で組織し，本格的な政党内閣を成立させた。

〔2〕連合国に無条件降伏した日本は，連合国軍に占領され，連合国軍最高司令官総司令部（GHQ）の指令にもとづいて政治が行われた。サンフランシスコ平和条約の調印により，日本は独立国としての主権を回復した。

3 分割相続の繰り返しによって，御家人の領地はしだいに細分化し，生活が苦しくなった。

4 日本海側の敦賀から琵琶湖北岸まで物資を運び，琵琶湖の水上交通を利用して大津に送った。物資は大津から淀川水系などを利用して，さらに京都や大阪に運ばれた。

5 工業生産額が農業生産額を上回るようになり，工業国としての基礎が築かれた。

公民
現代社会とわたしたちの生活

本冊 P. 67

解答

1 （例）異なる文化をたがいに尊重し合い，ともに協力してくらしていくという心がけが必要である。

2 （例）一定の時間でものごとを決めることができる。

3 ア，イ

解説

1 問題文中にある「グローバル化」とは，高速交通網や情報網の発達を背景に，人やもの，お金，情報などが，国境を越えて自由に移動するようになり，世界が一体化すること。**資料**の例は，労働力が国境の垣根を越えて移動するグローバル化の一例である。グローバル化が進んだ社会では，自分の国の文化ばかりでなく，外国の文化に対する理解や配慮がなければ，さまざまな問題が生じる。

2 「効率」とは，お金や時間，物などを無駄なく利用するという考え方。株主総会においても，国会においても，物事を決めるために採決を行っているが，これは多数決で行われる。これが多数決ではなく，全員一致であった場合，話し合いが際限もなく続く可能性がある。十分な話し合いをしたうえでの多数決は，時間の節約になるという点で，効率が良い決定方法である。

3 少子化の影響と高齢化の影響を分別する。高齢化にともなって，医療・年金・介護などに関する費用が増えるので，社会保障給付費は増大する。また，農村で働き手が高齢化したことにより，耕作放棄地の面積が増大する。よって，**ア・イ**のグラフは該当する。**ウ**について，共働き夫婦の増加は少子化の進行の要因とされている。**エ**について，合計特殊出生率の低下は少子化を端的に示したものである。よって，**ウ・エ**は高齢化の進行による影響には該当しない。

公民
人権の尊重と日本国憲法

本冊 P.69

解答

1 (1) ウ　(2) ア　**2** 世界人権宣言

3 (1) ア　(2) ウ, エ

解説

1 (1) 最高裁判所長官を指名するのは内閣である。内閣の指名にもとづいて，天皇が任命する。指名と任命の違いに注意する。なお，内閣総理大臣は，国会の指名にもとづいて天皇が任命する。

(2) **ア**は社会権のうちの教育を受ける権利を定めている。**イ**は自由権のうちの経済活動の自由に含まれる居住・移転・職業選択の自由，**ウ**は基本的人権を守るための権利のうちの請求権に含まれる裁判を受ける権利，**エ**は自由権のうちの精神の自由に含まれる集会・結社・表現の自由である。

2 1948年に採択された世界人権宣言は，人類普遍の価値としての人権の理念をかかげ，世界各国の人権保障の模範となっている。世界人権宣言には法的拘束力がないので，1966年，条約という形式で締約国を拘束する国際人権規約が国際連合で採択された。日本は，1979年に国際人権規約を批准した。

3 (1) **ア**は被疑者・被告人の権利の1つで，自由権のうちの身体の自由に含まれる。逮捕に限らず，住居や所持品の捜索・押収についても，警察が好きなようにできるわけではなく，裁判官の発行する令状が必要である。**イ**は国民の守るべき義務である子女に普通教育を受けさせる義務である。**ウ**は労働者の労働三権で，社会権に含まれる。**エ**は「両性の本質的平等」で，平等権に含まれる。

(2) **ア**について，法律の制定も通常，両議院の可決が必要である。**イ**について，憲法改正の発議は各議院の総議員の3分の2以上の賛成が必要であるが，法律の制定は両議院の出席議員の過半数の賛成で足りる。

公民
国会

本冊 P.71

解答

1 間接

2 (1) イ　(2) (例) 両院協議会〔両議院の協議会〕を開いても，意見が一致しないとき

3 エ　**4** ア　**5** 62人以上

解説

1 民主政治の実現の方法には，直接民主制と間接民主制がある。直接民主制は，国民が直接政治を行う方法で，最も国民主権の理想に近い方法であるが，現代の国家で実現するのは困難である。そこで主権者が選んだ代表者が政治を行う間接民主制が多くの国で採用されている。間接民主制は代議制または議会制民主主義ともいう。直接民主制は，憲法改正の国民投票や地方自治の直接請求権など，部分的に取り入れられている。

2 (1) 法律案の再可決には，出席議員の3分の2以上の賛成が必要である。420人の3分の2は280人である。

(2) 両院協議会の存在を思い出そう。両院協議会は，両議院で意見が一致しないときに設けられる。

3 条約を結ぶ権限は内閣にあるが，それを承認するのは国会の仕事である。**ア**は天皇の国事行為，**イ・ウ**は内閣の仕事である。

4 **イ**について，予算は衆議院が先議であるが，それ以外はどちらの議院が先でもかまわない。**ウ**について，公聴会は，重要な法律案や予算を審議するときに開かれる。**エ**について，原則として出席議員の過半数で可決するが，各議院の総議員の3分の2以上で可決される場合もある。

5 臨時会〔臨時国会〕の召集を国会議員が求める場合は，いずれかの議院の総議員の4分の1以上の要求が必要である。参議院議員の総数は100＋148＝248人。この4分の1は62なので，62人以上である。

公民
内閣

本冊 P.73

解答

1 ウ **2** オ **3** 名称－連立政権 ねらい－（例）国会の議席の過半数を獲得すること。
4 イ

解説

1 ウは国会の仕事である。内閣（ないかく）は条約を結んだり，外交関係を処理したりする。

2 資料1は日本の政治のしくみ，資料2はアメリカの政治のしくみを示している。日本は国会議員は国民の選挙で選ばれるが，内閣総理大臣は国会が指名する。他方，アメリカは大統領も国民の選挙によって選ばれる。よって，aにはアメリカが入る。bについて，日本は内閣が法案を提出できるが，アメリカの大統領には提出権がない。行政府が立法府に連帯して責任を負っているのは，資料1から日本である。よって，cには日本が入る。このような日本の行政のしくみは議院内閣制とよばれ，dには議院内閣制が入る。アメリカのしくみは大統領制とよばれる。以上より，正しい組み合わせはオである。

3 内閣が重要な政策を実施したり，必要な法律を制定したりしたい場合，国会の両議院で過半数の議席を与党が占めていることが必要である。ただし，参議院で野党の議席が与党より多い場合でも，衆議院で与党が3分の2以上の議席を占めていれば，法律案の再可決が可能である。与党として，1つの政党だけでこれらの条件を満たせないときには，複数の政党が政策協定を結び，連立内閣が組織される。

4 裁判員制度は司法制度改革の一環として導入された。裁判に「市民感覚」を反映させることなどを目的としている。

公民
裁判所

本冊 P.75

解答

1 ウ **2** 裁判員制度
3 〔1〕（例）法律が憲法に違反していないかを判断（審査）すること。
〔2〕（例）権力が集中することを防止し

解説

1 刑事補償請求権（けいじほしょうせいきゅう）は救済を求める権利の1つであり，人権を守るための権利のうちの請求権に含まれる。日本国憲法第40条で刑事補償を請求する権利が認められており，刑事補償法で具体的なことがらが定められている。

2 裁判員制度は，2009年5月から開始された。有権者の中から無作為に選ばれた裁判員が，重大な刑事事件の裁判の第一審に参加する。裁判は原則として，3人の裁判官と6人の裁判員で行われ，裁判員は裁判官とともに証拠調べを行ったり，審理・評決に加わったりする。また，有罪の場合は刑の重さも決める。

3 〔1〕国会で成立した法律が，最高法規である憲法に違反していないかどうかを審査する権限。最高裁判所が違憲の判決を下した場合，その法律は無効になる。また，裁判所は，内閣が行った命令・処分などが憲法に違反していないかどうかも審査する。こうした審査は，具体的な事件の裁判を通じて行われる。

〔2〕権力が1つの機関や特定の人物に集中すると，独裁政治（どくさい）を招きやすい。独裁政治では，国民の平等・自由などの権利が侵害されるおそれが大きい。そこで権力を分立させることで，独裁政治を防ぐため，三権分立（権力分立）が主張されるようになった。フランスのモンテスキューは，主著『法の精神』の中で権力分立を唱えた。

公民
選挙

解答　本冊 P. 77

1 （例）テレビだけでなくインターネットを
活用し，選挙への関心を高められるよう，
政党の政策や候補者の人物像などの情報を
分かりやすく発信する。

2 A党－3人　B党－1人　C党－1人
D党－1人　E党－0人

3 （例）政党の名前を書いて投票し，得票に
応じて各政党に議席（25字）

解説

1 **図1**では，29歳以下の有権者の30％以上が政
策や候補者の違いがよく分からないと答えてい
ることに注目する。また，**図2**では，50～69
歳の有権者に比べて29歳以下の有権者は，3倍
以上の人がインターネットによって政治や選挙
の情報を入手していることを読み取る。これら
を踏まえて，若い世代の投票率を高めるために
は選挙への関心を高めることが重要で，それに
は政党の政策や候補者の人物像をよく知っても
らうことが必要である。その際には，若い世代
が広く活用しているインターネットを通じて，
政党や候補者による情報発信が役立つと考えら
れる。こうした方策を通じて，若い世代の投票
率の上昇をはかる。

2 比例代表制（ドント式）では，各政党の得票数を，
整数1，2，3… と割っていき，その答えの大
きい順に，各政党に議席を配分する。問題では，
次のようになる。

	得票数	÷1	÷2	÷3
A党	540,000	540,000	270,000	180,000
B党	330,000	330,000	165,000	110,000
C党	240,000	240,000	120,000	80,000
D党	210,000	210,000	105,000	70,000
E党	150,000	150,000	75,000	50,000

3 有権者は，小選挙区選挙では候補者に，比例代
表選挙では政党に投票する（参議院では候補者
に投票することもできる）。

公民
地方自治

解答　本冊 P. 79

1 市町村合併
2 エ
3 ① （例）収入を確保する
　　② （例）利点が生まれる

解説

1 **表**から，1950年から2015年にかけて，地方
公共団体の数が約7分の1に減少していること
がわかる。これは，地方行政の効率化などをは
かる目的で，市や町，村が一つになる市町村合
併が行われたからと考えられる。

2 政府は税収だけでは足りない場合に，国債や地
方債などの公債を発行して，借金をする。した
がって**エ**が正しい。
　ア　地方税は，地方公共団体が自由に使える独
自の財源であるが，所得税は地方税ではなく，
国税なので，まちがい。
　イ　「義務教育や道路整備など特定の費用の一
部を国が支払うもの」は，地方交付税交付金で
はなく，国庫支出金。地方交付税交付金は，国
から支給される，使い道が自由なお金のこと。
　ウ　「地方公共団体間の財政格差をならすため
に国から配分される」のは，国庫支出金ではな
く，地方交付税交付金。

3 **資料1**から，公共施設の維持・運営には建築費
用の2～3倍程度が必要であることがわかる。
つまり，地方自治体には多額の費用に見合った
収入がなければならない。その一部として期待
されているのはネーミングライツ制度を利用し
た企業からの資金である。企業にとっても，地
方貢献と同時に宣伝効果も期待できる。また，
資料2からわかるように，地域住民はこのよう
なネーミングライツ制度を設けた施設を利用す
ることにより，充実した市民サービスを受ける
ことができる。こうして，地方自治体・地域住
民・企業の三者のそれぞれに利点があるといえ
る。

公民
市場経済と消費生活

本冊 P. 81

解答

1 公共料金

2 〔1〕（例）サンマの供給量が需要量を上回ったため。
〔2〕（例）独占は市場での競争を弱め，消費者に不利益となるから。

3 （例）商品の価格が高いと需要量は減り，安いと需要量は増えるから。

4 （例）需要量にあたる観光客数が多い時期の宿泊料金が高く設定された。

5 消費者契約法

解説

1 公共料金は国民経済に関係の深いものやサービスの価格なので，安易に値上げされると，家計や企業におよぼす影響が大きい。そこで公共料金の設定には，国や地方公共団体の認可・議決が必要とされている。

2 〔1〕 商品はサンマであり，それが豊漁ということは，商品の供給量が増大したことを意味する。価格が下落したのは，供給量が需要量を上回ったからである。
〔2〕 独占が形成される→競争が行われなくなる→企業に有利な価格や販売方法が設定される→消費者に不利益になる。公正取引委員会は内閣府に設置されており，自由競争をうながすことを目的とした独占禁止法の運用にあたっている。

3 価格が高いと，その商品を買う人は少なくなる。つまり需要量が減少する。価格が下がってくると，買おうと思う人が増える。つまり需要量は増大する。よって，需要曲線は右下がりになる。

4 旅館を利用するのは観光客なのだから，需要量にあたるのは観光客数である。図から観光客数が最も多いのは7〜8月であり，この時期の宿泊料金は最も高く設定されている。

5 2006年の改正では，認定を受けた消費者団体が，消費者に代わって訴訟等をすることができるようになった。

公民
金融・日本経済

本冊 P. 83

解答

1 中央銀行　**2** a−ア　b−ア

3 （例）（企業は金融機関から）資金の借り入れがしやすく（なる。）（12字）

4 A−為替（外国為替）　B−円高

解説

1 中央銀行は，その国の金融のかじとりを行う銀行であり，「銀行の銀行」である。ふつう，一般の企業や個人とは取り引きを行わない。また，金融政策を行って，景気や物価の調節などにあたっている。

2 不況のときは，商品が売れないのが一般的である。このようなときには，社会に出回る通貨の量を増やすと，経済活動が活発になるとともに家計の購買力が増大し，景気が回復へと向かう。通貨量を増やすには，一般の銀行が持つ通貨量を増やせばいい。そのため，一般の銀行が保有する国債などを買い取って，日本銀行から一般の銀行へ通貨を流す。これにより，一般の銀行の持つ通貨量が増大する。

3 金融機関の金利が低くなると，企業は銀行などから資金を借りやすくなる。企業は借りた資金をもとに設備投資を行ったり，雇用を増やしたりする。その結果，企業の生産活動が活発になり，景気が上向きになる。反対に，景気の過熱を冷ますときには，金利が高くなるように誘導する。なお，かつて公定歩合とよばれていた政策金利は，「基準割引率および基準貸付利率」とよばれるようになった。

4 為替相場〔為替レート〕の変動は，各国の経済に大きな影響をあたえている。ドル・ユーロなどの外国通貨に対して円の価値が上がることが円高。円高になると輸出する商品の相手国での価格が高くなるので，相手国での売れ行きが悪くなる。その結果，商品を輸出している企業は打撃を受ける。

公民
政府・財政

1 ア **2** イ **3** ウ **4** 財政政策

解説

1 労働力を提供し，賃金を受け取っている関係から，Zが家計，Yが企業である。したがって，Xが政府。公共投資（公共事業の支出）は，国が企業に対して行う行政サービスである。以上より，**ア**が正解。なお，**イ・ウ**は税金，**エ**は社会保障などの公共サービスである。

2 相続税は国税で，直接税である。所得税と同じように累進課税が適用されている。

3 aは年々割合が高まり，近年では最も割合が高くなっている項目である。これは，高齢社会の進展にともない，医療や年金などの社会保険の費用が高まっていることから，社会保障関係費と考えられる。bも年々割合が高まっているが，1975年度は割合が比較的に低く，1980年代以降になって高まり，現在では歳出の約5分の1を占めるまでになった。これは，税収だけでは必要な費用をまかなえないときに国が発行した国債の，元金の返済と利子の支払いにあてられる国債費である。cは割合が年々低下している。これは，社会資本の建設などにあてられる公共事業関係費である。近年の税収の伸び悩みや，社会保障関係費の伸びなどを背景に，公共事業関係費は抑制される傾向にある。

4 財政政策には景気の安定をはかる役割もある。不況（不景気）のときには，減税を行ったり，公共事業への支出を増やしたりする。政府の財政政策と日本銀行の金融政策とによって，経済の成長や物価の安定などがはかられている。

公民
社会保障と福祉・労働

1 環境アセスメント〔環境影響評価〕
2 グラフ1　（例）非正規労働者の割合が増えた。
グラフ2　（例）年齢が上がっても，賃金は上がりにくい。
3 労働関係調整法

解説

1 環境アセスメントは，空港・港湾や発電所の建設など大規模な工事が，周辺の環境にどの程度の影響をあたえるかを事前に調査することで，1997年に環境アセスメント法が制定され，1999年から施行されている。新しい人権として環境権が主張されるようになったのを受けて制度化された。

2 **グラフ1**から，非正規労働者の割合は，2001年は27％，2020年は37％と，その割合が高まっていることがわかる。また，労働者の総数も増えているので，非正規労働者は割合だけでなく，実際の人数も増えている。**グラフ2**から，正規労働者は19歳以下から50〜54歳まで，年齢が上がるにつれて，賃金も上昇しているが，非正規労働者はほとんど変化が見られないことがわかる。非正規労働者は，一般に正規労働者に比べて賃金が低く，契約期間が短いので，企業の業績が悪化すると雇い止めにされやすいなど，雇用が不安定である。

3 労働者と使用者の関係の調整をはかり，ストライキなどの労働争議の予防・解決方法を定めた法律。大規模なストライキなどが発生して，社会生活が混乱を招くおそれがあるときなどに，労働委員会があっせん・調停・仲裁による解決を行う。

公民
国際社会

本冊 P. 89

解答

1 WTO

2 〔1〕イ 〔2〕ア

3 （例）常任理事国のうち，１国でも反対すると決議が成立しないということ。

4 国際司法裁判所

解説

1 WTOは世界貿易機関の略称で，関税及び貿易に関する一般協定〔ガット，GATT〕に代わって1995年に発足した。自由貿易の推進を目的とし，サービスや知的財産権などについての国際ルールの確立を目ざしている。

2 〔1〕難民の保護などに取り組んでいる国際連合の組織は，国連難民高等弁務官事務所で，その略称はUNHCRである。**ア**のUNICEFは国連児童基金，**ウ**のUNCTADは国連貿易開発会議，**エ**のUNESCOは国連教育科学文化機関の略称である。

〔2〕1992年に開かれた「地球サミット」とは，ブラジルのリオデジャネイロで開かれた国連環境開発会議のこと。**イ**は，1997年の地球温暖化防止京都会議のこと。**ウ**は1968年に採択された核拡散防止条約のこと。**エ**は1955年のアジア・アフリカ会議のこと。

3 国際連盟が第二次世界大戦を防げなかったことを反省し，国際連合は安全保障理事会に武力制裁を含む強大な権限をあたえた。また，国際社会の現実をふまえて五大国一致の原則をとり，重要な議案の決定では，安全保障理事会の5常任理事国のすべての賛成が必要であるとした。逆にいえば，5常任理事国のうちの1か国でも反対すれば，その議案は成立しなくなる。つまり，5常任理事国は議案の成立に関して拒否権を持つことになる。

4 国際司法裁判所は国際紛争を裁判によって解決することを目的とし，安全保障理事会の推薦で総会で選出される15名の裁判官で構成されている。

公民
資料を使った問題（論述）

本冊 P. 91

解答

1 （例）これまで二酸化炭素を多く排出して地球温暖化の原因を作ったのは先進国だから，まず先進国が排出削減を行うべきである。

2 ①（例）自ら将来に備える
②（例）社会全体で助け合う

解説

1 資料1を読むと，先進国は現在の状況を踏まえて，工業化を達成した発展途上国にも二酸化炭素の排出量削減を求めていることがわかる。しかし，資料2を見ると，過去およそ150年間に二酸化炭素を排出したのは大部分が先進国である。資料2には中国・インドも入っているが，比較的最近の傾向にもとづいている。歴史分野で学んだように，18世紀にイギリスから産業革命が始まって以来，欧米諸国は工業化を進める中で化石燃料を大量に使い，大量の二酸化炭素を排出してきた。そうした経済活動の結果として，先進国の豊かな生活が実現している。これから経済成長を通じて豊かな生活を実現したい途上国は，まずは工業化が優先目標である。したがって，温暖化防止のための二酸化炭素の排出削減は，過去の工業化による豊かさを享受している先進国が負うべきと考えている。

2 ①直前の「公的な制度に加えて」に着目する。資料2はさまざまなリスクに対する社会保障制度すなわち公的な制度の意義を述べている。これ以外の個人の心構えについて考える。病気や介護などについては，民間で各種の有料のサービスが提供されている。こうしたサービスを利用することや，そのための費用を用意することが個人のできる対策である。災害対策で打ち出される「自助」と同じ発想である。

②こちらは「共助」にあたる。資料3から読み取れるように，地域住民がたがいに助け合うことによって，高齢化にともなうリスクを軽減しようとしている。

公民
論述問題

解答

本冊
P. 93

1 （例）労働力を削減でき，今後予想される
生産年齢人口の不足を解消できる。また，
観光に訪れた普及率が高い国の客の消費の
増加が見込め，国内消費の拡大が期待でき
る。(75字)

2 （例）A氏の<u>表現の自由</u>にもとづいた行為
が，B氏の<u>プライバシーの権利</u>を侵害した
ため。

3 （例）<u>有罪の判決が確定するまでは無罪</u>

解説

1 資料を読むと，キャッシュレス化が店での会計
業務などでの労働力の削減につながることがわ
かる。**グラフ1**からは，日本の生産年齢人口は
将来減少することが読み取れる。つまり，これ
らの業種で人手不足が懸念される。**グラフ2**か
らは，日本以外の国が高い普及率を示している
のに対し，日本ではまだ普及率が低いことが読
み取れる。これは別の角度から見れば，日本で
は今後キャッシュレス化が進む余地のあるとも
いえる。日本の事業者にとっての利点に関して，
グラフ1をもとに「国内の雇用」の面から，**グ
ラフ2**をもとに「外国人観光客の消費」の面か
らそれぞれまとめる。

2 作家が小説を書くことは，表現の自由である。
他方，個人の私生活で知られたくないことを他
人の干渉から守ることは，プライバシーの権利
である。日本国憲法は表現の自由を保障してい
るが，他人のプライバシーの権利を侵害してま
で表現の自由を貫くことは認められないと裁判
所は判断した。

3 推定無罪の原則といい，被疑者・被告人の権利
として保障されている。また，黙秘権などの権
利も認められている。

融合問題

解答

本冊
P. 95

1 ① （例）伝えたい情報を，大量に印刷する
ことができる
② （例）将来の世代のために，限られた資
源を有効に活用している

2 ア

解説

1 ①「同じことが言える」と述べているので，新
聞と活版印刷の共通点を考える。共通すること
は印刷である。新聞は大量に発行され，日々の
情報を人々に伝えている。また，**資料B**に書か
れているように，ルネサンスのときに登場した
活版印刷は，聖書の印刷・発刊に役立っただけ
でなく，宗教改革の考えを広く知らしめる役割
を果たした。「情報化」の視点では，紙への印刷
は情報の大量伝達を可能にしたと言える。

②「持続可能な社会」の視点に着目する。**資料
A**から，新聞古紙は古紙全体の半分以上を占め
ている。また，**資料C**から，製紙工場で生産さ
れる紙の約3分2は古紙・その他を原料として
いる。したがって，紙はリサイクルが進んでお
り，資源の有効活用がはかられている。持続可
能な社会の視点では，紙は限られた資源を有効
に活用しており，将来世代のことを考えている
と言える。

2 正しいものは**B**だけである。**A**について，吉野
作造ではなく田中正造である。吉野作造は民本
主義を唱えて，大正時代に普通選挙運動や政党
政治を擁護した学者である。**C**について，リコー
ルではなくリサイクルである。リコールは直接
請求権にもとづいて，地方公共団体の首長・議
員などが住民投票によって解職されることであ
る。**D**について，環境基本法ではなく公害対策
基本法である。環境基本法は，産業廃棄物の不
法投棄などの新しい公害や，地球温暖化や酸性
雨，砂漠化などの地球環境問題に総合的に対処
するため，1993年に制定された。